不動心

九韵文化

前言

本著作《不動心》以靈性世界觀為根基，講述了構築崇高人格的理論與方法。

「不動心」非一朝一夕就能完成，就像一座冰山，首先需要在海面下構築一個堅固的自己，此為根本。對此，於第二章「積蓄的原理」中做了具體的闡述。

此外，還講述了「不動心」之用——「與苦惱的對決」（第三章），並針對人生苦惱的背景，揭示了「惡靈諸相」（第四章），以及在「與惡靈的對決」（第五章）中透過各方面的分析，闡述了具體的對策。

對於追求佛法真理，並依佛法真理而活的人，我祈求本書能成為這些人們暗夜中的燈塔、引導之光。

幸福科學總裁
大川隆法

第一章

人生的冰山

一、人生基礎

在本書中我想針對「跨越人生苦難之法」，由各個不同的角度加以闡述，而貫穿全書的主題就是「不動心」。

首先，我們試著思索一下人生的基礎。

不管做任何事，歸根究柢，其關鍵在於是否打好了基礎。這一點不論對個人，還是對公司等組織都是適用的。若基礎不穩，個人或公司便會弱不禁風，在工作上同樣也是如此，這說明基礎在人生中非常重要。

比方說，學校教育為何不可或缺？總而言之，我想還是為了打好人生的根基。對學校教育持否定態度的某些人，總是叫嚷：「學那麼多東西有什麼用？自己想學什麼，就讓他們學就好了啊！」然而，探究各種學問，肯定會有助於打好人生的基礎，這一點是無法否認的事實。

人們要面對林林總總的事物，對其進行判斷或採取行動，在根本上即是要有進行這種判斷或採取行動的資源、原動力或基礎。從這層意義上說，若沒有任何累積，人將無法做出判斷或採取行動。

拿烹飪來說也是如此。主婦之所以能每天不斷地燒出各種飯菜，肯定少不了應對的基礎。正是因為對料理有一定的瞭解，心中藏有數十種甚至一、兩百種的食譜，有了這樣的本事，才能做好一日三餐。

另外若想駕馭好汽車，則有必要熟悉數量繁多的交通法規，以及應付各種狀況的方法。知道「上坡怎麼開？」「對面來車時該如何會車？」和「下雨天或夜間要怎麼應付？」等等，這些都將成為判斷的材料。

然而，若對交通法規一無所知，就搞不清與對面來車的關係，弄不懂到底該向左或向右拐彎，若已熟悉交通法規，就會採取正確的行動。

因此，人生中的「基礎」比什麼都重要。此基礎部分愈厚實、愈牢固，此人的判斷和行動，便愈會顯露出紮實感。

我們應不時檢視一下自己目前的樣子，思索一下「自己是否每天都在為打好人生基礎而努力」。基礎的部分若不紮實，則會四處碰壁、寸步難行。

然而，並非僅於孩童時代打好基礎便可一勞永逸，成人之後，一樣也要孜孜不倦地厚植基礎，這一點非常重要。

樹木默默地從根部綿延不斷地吸收水和養分，這正是它能夠長大成材的緣由所在。就算是參天大樹，若有一星期停止了吸收水和養分，它肯定會枯死的。

即使是有幾百年樹齡的大樹，也要一刻不停地由根部吸收水和養分。

人的情形也相同，不能說「因為自己已長成『大樹』，所以就再也不需要水或養分了」。每天都要攝取水或養分以穩固基礎，這是非常重要的。

只要有可能，人們總是一個勁兒地發散精力。但是，忘掉吸收的散發是容易疲勞的。

這一點也適用於上班族。拿藥劑師來說，一位不斷增加新藥相關知識的人，與一個大學畢業後，就幾乎從未留意任何新知識的人之間，其差距顯而易見。

即使是上班族，若僅僅完成份內工作的人，與經常接觸新的經濟訊息、好學不倦的人，不久之後即會有雲泥之差吧！

在研究員等職業中，這種事尤為多見。若是每天反覆堅持實驗、經常朝著更高的目標努力，不久之後，此人就能在技術上開發出豐碩的成果吧！

醫生也不例外。若能不斷地充實各種新知識，並善解病人的苦惱，終究有那麼一天，他會成為眾人皆知的名醫。

綜上所述，重要的不是「一旦打好基礎就諸事大吉了」，而是需要持有著「每天仍堅持打好人生基礎」的態度。即使目前不能馬上派上用場，但打好三年、五年或十年後會有用處的基礎，是勝過一切的重要事情。

二、冰山姿態

打好人生基礎的觀點，換言之，也可說是穩住漂浮在海洋中的冰山姿態。

冰山露在水面上的部分，只不過是整體的一成或兩成，海面之下，還有著非常巨大的冰塊。即使外表看來很小的冰山，其水面下的部分卻大得出奇。

這種冰山之類的自然物體，為了在水面上保持安定，竟也採用了不倒翁式的穩定姿態。

難道各位讀者沒有學習或模仿這種冰山姿態的必要嗎？

若有必要，那麼要向冰山的姿態學習什麼呢？那就是要學它的安定感。

冰山並未將所有的一切都暴露在水面上，它必定有著水面下的部分。水面下的部分以與其排水量相等的力量，反作用於冰山上成為浮力，因而支撐著冰山。

同樣的，我們的人生中在水面下的部分愈大，與排水量相等的浮力將愈能發揮作用。

這水面下的部分，即是世人所看不見的部分。不管什麼人，都有一個他人看得見的自己，和一個他人看不見的自己。因此，在一般情況下，他人看不見的自己，遠比他人看得見的自己大出很多的人，就稱作「人格成熟者」。

任誰都能一眼看透的人，不能說他是成熟的人物。只有像氧化的銀器內層一樣地光芒奕奕，內涵深奧，這才是偉大人物的姿態。

總之，做為人來說，究竟要成熟到什麼地步？其關鍵在於水面下的部分、基礎部分到底有多大？水面上雖然僅僅露出一丁點兒，但若水面下有巨大實體的人，就會有安定感。

在打好人生基礎時，有必要牢記一句話：「學好冰山的姿態！」

三、迎風破浪

冰山的特徵，總歸來說就是要在面對各式各樣的風浪時，都能穩如泰山。

冰山並非立基於陸地，而是在海面上漂浮，但它卻像陸地一般地巍然屹立。在其上行走時文風不動，像航空母艦一般，這難道不是忍受人生風浪的秘訣所在嗎？

也就是說，在人生的基礎部分、根底部分有著巨大積蓄的人，即使遇到非難和攻擊，也能泰然自若，面對苦惱和挫折也能安然處之。

常言道：「青春期的人愛讀小說。」這是因為透過閱讀小說，可以學習或預習自己未曾經歷過的人生。這一點意義重大。

人不能改變自己的出身和生長的環境，而且在人生途中將會遇見的人，數量也極為有限。一般情況下，或許只能在一小撮人群裡，演繹著驚喜、悲哀和痛苦。

然而人卻可以藉著小說，了解與自己處境完全不同的人，看看他們是如何生活的。然後在不知不覺中，將自己與主角進行對照，從而對人生產生更為深刻的認識。

像這樣，即便透過小說也可以豐富人生的智慧。在主角遭遇各種苦惱和克服這些苦惱的情節中，對照自己的現狀，並覺察到：「自己也要像主角一樣努力地克服目前的苦惱。」

人生中的各種苦惱，幾乎沒有不被拿來當做小說主題的。一般的人多半是被考試、就業、結婚或生病等問題纏身而痛苦不堪。因此，這些苦惱大部分都已被優秀的作家寫成了小說。

如果有心學習這些，就有如站在比自己看得更高之人的肩膀上，這將有助於解決自己人生中的各種難題。

自己之所以苦惱的原因，若能從一位比自己更深知人生的人的角度來看，有時馬上就一目了然。因此僅僅憑藉一本書的啟發，有些問題有可能就會迎刃而解，而不必經受長年的苦惱折磨。

不只是小說，就算是從歷史書籍中照樣也能有所學習。

當然，在過去是不會有人經歷過與目前的自己完全相同的人生的，雖說境遇（狀況）各不相同，但是處於同樣立場的人卻為數不少。了解這些人是如何克服人生難關的故事，便可學到解決人生中各種疑難的方法。

向歷史上的人物學習時，其對象常是五花八門的。

譬如，織田信長，他充滿熱情、非常活躍，判斷和行動能力如快刀斬亂麻一般。又比方說豐臣秀吉，他才智橫溢、機智靈活的思考方式，以及縱橫無盡的豐功偉業，一定可從中學到某些事物吧！

此外，還可學習德川家康的智慧。他創建的幕藩制度能夠維持近三百年的歲月，其背後一定有著對人類及對社會結構的英明睿智。透過學習德川家康的這種經營手腕，也可了解經營、維持公司的方法。

除了小說或歷史書籍之外，還有在痛苦和悲傷時，能給人撫慰的東西，那就是優秀詩人們所寫的詩。

當我們接觸到扣人心弦的詩歌時，會感到「有人在詠嘆著自己目前的狀況、有人在呻吟著與自己一樣的心情」，心胸因此會舒坦許多。優秀的詩人，會以透徹的眼光看待人生，憑藉這些詩詞可以撫慰人們的心。

繪畫也一樣，凝視美麗的畫面，能給我們的心帶來不少的欣慰。即使在咖啡店裡品嚐一杯咖啡，店裡所懸掛的一幅美麗的壁畫，多少也能讓我們感受到作者豐富的情感。人們受到傷害的心，可以藉此藝術品而獲得一些療癒。

此外，還有優美的音樂。欣賞名曲，能讓作曲家的心靈高級波動和己心的波動產生共鳴，讓我們的心進入一個非常安寧的世界。

此外，還有從宗教見地出發的解決方法。當小說、歷史書籍或藝術都無法解決的時候，往昔偉大的聖人或宗教家的名言，也有可能成為人生的指標。思考這些偉人的名言，也可幫助自己弄清問題到底何在。

自古以來，不管是釋迦，還是基督，亦或是孔子，都是偉大的人生導師。他們之所以能夠成為人生的導師，就是因為他們以其卓越超群的才能，看透人生的各種難題，並開出了解決這些病癥的處方。

因此，當苦惱在自己心中團團轉的時候，透過接觸偉大指導者的思想，有時候苦惱自會冰釋消融。

本書正是由如此見地出發而撰寫的，對於心中常常猶豫不安、充滿苦惱、七上八下的人，我想寫一本能夠拯救這些人的書。這本書就是在這樣的心情下寫出來的。

在本書中，哪怕只有一行文字能夠寬慰讀者們的心，成為各位精神支柱的語言，我也就感到心滿意足了。

在此，我想要表達的思想，歸納如下：

透過學習卓越的偉人或藝術家等優秀人才的睿智，將其變為自己人生海面之下的部份，這將有助於承受人生的風浪。

所以，請做好能夠承受大風大浪的積蓄，必須明白「不管海面上有多大的風暴來襲，都應該確保風浪無法攻擊水面下的部分」。

四、巨大的安定感

冰山這種自然現象值得人們學習的地方，就是其巨大的安定感。

人生的苦惱，似乎大部分的原因都來自於缺乏安定感。

在迄今各位所能遇見的人當中，各位認為怎麼樣的人才算了不起？怎麼樣的人才算得上是大人物呢？怎麼樣的人才稱得上是偉人呢？

一個心中常常猶豫不決的人，你認為他很偉大嗎？一會兒發怒、一會兒哭、一會兒笑，一天之中心情變化無常的人，你會認為他很了不起嗎？你難道不會產生「不想變成那種人」的感覺嗎？

各位認為理想的人，是能夠讓人產生「想成為那樣的人、想接近那種人」的感覺。那種人的共通之處就在於「生活態度裡有一種安定感」。

成為領導者的秘訣就在此。一個領導者之所以能成為領導者，就是因為此人有做領導者的資質，即是有一種安定感。這種安定感不只是像在鐵軌上行走一般的安定感，而且是「不管遇到怎樣的風浪，都不會動搖」的安定感。

培養這種安定感的方法之一，就是如上所述的「累積睿智」，即「過去的人，曾在怎麼樣的時刻？遇到過怎麼樣的情況？又是如何解決的？」累積與此相關的睿智，然後靈活應用，以解決眼前的問題。

此刻，「從更高的觀點來觀察事物」是非常重要的。

每天的情緒之所以七上八下，是因為陷於一種「自己所面對的問題與自己正打得難分難捨、不分勝負」的狀況之中。因為正處於「自己到底將成為人生的勝者？或是敗者？這場『相撲』尚未結束，還勝負難分」的狀況之中，所以才猶豫不決。

與「橫綱」或「大關」進行相撲比賽，各位能有把握獲勝嗎？

除非發生意外，普通的人想與專業力士較量相撲，確實是異想天開。大多數的情況下，不是輕而易舉的被扛出擂臺，就是一下子便決出勝負，因為實力相差太大了。

專業力士每天「舉腳踏地」，登擂臺練習相撲，所以肌肉逐漸發達，重量感加強，速度也提高了，也變得特別強壯。

普通的人若面對這樣的人，心中無法湧現克敵致勝的勇氣。由於，心中早已氣餒，故會比預料中更早地敗下陣來。

與人生的各種問題對抗時，道理也相同。當自己缺乏自信時，有時會將對手看成是力大無比的壞蛋或是大惡棍，以為遇到了不得了的大難題。在大力士面前，有些人忍不住地手腳發抖。

然而，若把自己想像為「橫綱」或「大關」時，有時問題會變得意外地簡單、好解決，大家必須知道，這種可能性是存在的。

關鍵是在為如何解決問題而苦惱之前，首先不妨先變成一個能夠將問題一口吞掉的橫綱。如此一來，解決小小的負擔與問題就輕而易舉了。即使是普通人背負起來難行十步的重物，專業力士們只需一隻手夾起，便可快步如飛，其道理是一樣的。

人們只要繼續鍛鍊自身，終究能夠成為一個巨人。

對於肉體，雖然可以加以鍛鍊，但其可塑程度是有限的。在百米賽跑中，即使是最快的人也要十秒左右，但再慢的人只要二十秒鐘，也就差不多能夠跑完了。這樣看來，肉體方面的能力差距頂多不過兩倍左右。

然而，在精神能力方面，偉人與凡人之差卻大得驚人。譬如說，蘇格拉底與一般的人，其智力之差，簡直可以說判若雲泥。佛陀的睿智與一般的僧侶之間，更有著天淵之別。

人的精神愈是鍛鍊，將會愈加強大愈加光芒萬丈，而且是沒有止盡的。肉體的力量有其一定的限度，但在精神力量方面，其能力可以發展到他人的幾千倍，甚至幾萬倍。

假若是精神巨人，即使正面對自己目前感到棘手的「人生生死存亡之大問題」，也將變得非常易於解決。

此外，遇到難以對付的大難題時，換一個觀點來思考也是很重

要的：「若是換了別人，這個問題又會怎樣解決呢？」

假使是基督徒，可從下列觀點來考慮：「如果是耶穌．基督的話，他會怎麼做？他又將如何考慮呢？」

比方說，某人終日悶悶不樂：「有一個人，我怎麼也無法原諒他。一想起這個人，就恨之入骨，難以入眠。」面對這樣的人，請你暫且拋開自己的立場，換一個角度想想：「若是耶穌．基督，他會怎麼想呢？他會說些什麼呢？」

或者，如果此人是佛教徒的話，他應該試著想一想：「假設是佛陀，他對這個問題會說些什麼呢？他會如何解決呢？」另外，也可從另一個角度來想：「若是孔子，他會怎麼看呢？」「如果是蘇格拉底，他又會如何呢？」運用這些觀點，是非常重要的。

如同這樣，藉用偉人們的智慧，對事物進行判斷和處理，是很重要的方法。

這類事情，在公司裡也是司空見慣的。對於一般職員感到焦頭爛額、不知如何是好的問題，科長卻可能會找到解決問題的線索，部長可能會從較高的角度作出判斷。經理也可能會從更高的角度加以審視，而董事長則可作出最後的決斷。如此，高一級的領導是可以作出更高度的判斷的。

亦即，為了產生巨大的安定感，必須要有更高的精神能力、和精神上的儲備，這是安定感的源泉。

因此，自己若想成為精神上的巨人，對於人生途中所遇到的問題，不能只顧招架，更重要的是應該從中吸取教訓。這樣吸取的教訓，將在下一次較量中發揮作用。頭一回感到非常棘手的問題，若曾經交過手，那麼，下一次就會非常容易對付。

為此，不能僅是做一天和尚撞一天鐘，而是要採取「從每天的事件或問題中，學習偉大的教訓」，這種態度非常的重要。這樣的教訓，才是人生的學習材料，它將成為學校沒有教給我們的大睿智之基礎。

「一個人的心中記取了多少教訓？而且，這些教訓的含金量如何？」將與此人的認識力和判斷力有關。

從這個觀點來看，累積了多彩豐富人生經驗的人、嚐盡苦頭的人、失敗不斷的人、多災多難的人、難題成山的人，可以說他們正在經驗這麼多的習題並學習到教訓。不能將過日子漠然置之，因為我們得到這麼多的習題，並在力圖解決它們，沒有比這更值得慶幸的事了。

當自己碰到問題，並處於苦惱的漩渦之中時，不能只是單單思索要如何從這些苦惱中解脫出來，應該弄明白「這個苦惱正在教給自己什麼呢？給了我什麼教訓？」這將成為解決問題的良策。

萬事萬物都是有意義的，應該發現其意義所在。

五、堅忍不拔的意志

在本章結束之前，我想講述一下「堅忍不拔的意志」。

前一節談到了安定感的基礎，這種安定感不能是暫時的，必須知道，若採取「天天向上」的態度，將會出現巨大的安定感。

比方說南極觀測船，破冰前進時行走得很順利，一旦停止，則會與冰凍結在一起，因而無法動彈。

同樣，在人生中，為了避免陷於無法動彈的境地，必須不停地向前行。天天學習教訓，不斷地進步，假若能夠得到一個教訓，自己的體力便會得到相應的增強，維持這樣的心境，是件大好事。

安定感不能是暫時的，應該要有一種無論發生任何事情都能應付自如的安定感，為此，「不斷前進，天天向上」的意志非常重要。

對於一個以發展向上、不斷前進為目標的人來說，人生的苦惱彷彿朝陽下的雨露，馬上就會溶解消散。隨著太陽的昇起，露水便會漸漸蒸發了。

首先，是讓太陽冉冉昇起，毫不停息、毫無懈怠，努力使心中的太陽昇起，這樣，寬廣的大道將展現在你眼前。

總而言之，人生中需加強穩固基礎的部分，一圈兩圈地增大，不斷成長。若能維持這樣的姿態，寬廣的發展之道、通向偉大人格者的大道，定將展現在你的面前。

第二章

積蓄的原理

一、一天的意義

我想在本章中闡明「為鞏固人生的冰山，積蓄是何等重要？」在這之前，讓我們來想想「一天」。

雖然我們開口就能說出人生這個詞，但它畢竟是個一天一天的連續體，由每日累積所構成的。關於一天的說法，古往今來，眾說紛云。既有「一日一生」的名句，也有耶穌「一天的難處一天當就夠了」的至理名言。

要決定此人是怎樣的一種人，度過了什麼樣的人生，最終還是與此人怎樣打發每一天、每日如何度過分不開的。

人不能借用明天的時間，也無法挪用昨天的時間。針對未來，雖說能夠展開無限美好的夢想，但對未來的時間，卻無法自由地支配。另外，雖然我們可以反省過去，學習教訓，但對於過去的時間，卻絲毫無能為力。能夠自由支配的時間，除了現在，別無其他。

從這層意義上說，一天有著非常關鍵的意義。人遲早要離開人世，有的人上天堂，有的人下地獄，其差別，最終就在於一天一天如何的累積。

一個人死後，將走向怎樣的世界，是由一天一天如何生活的總帳來決定；所以，每一天都不能疏忽大意。

那麼，每一天生活中的課題，無非在於一點，即「如何控制和

提高每一天的質量」。

一天的長度無法改變，一天的時間也不能延長，一天只有24小時。然而，我們卻可改變一天的質量。

從某種意義上可以說，科學技術為改變一天的質量，做出了極大的貢獻。過去需要幾天才能算完的計算工作，如今利用計算機，只需一會兒，便可大功告成。從縮短時間的意義上看，這些技術可以說為提高一天的品質做出了貢獻。

因此，我們無法否認由於技術的發達，使我們每一天的生活「密度」變濃了。除此之外，從精神上、從心的狀態這個觀點來看，還改變了每一天的質量。

大多數人，每天都懷著某種苦惱或痛苦，而悶悶不樂地活著，如何解決這種苦惱和痛苦，將與此人的人生密切相關。

心境較高的人，有可能一刀便將苦惱和痛苦連根斬斷。比方，對於一個每天心如平鏡、努力修行的人來說，不管世上發生什麼事，他都能泰然處之，心就像行雲流水一般順暢。

然而，身處繁忙漩渦中的人，則有如失去自我一般，被種種苦惱纏身。譬如，做股票生意的人，有時會把每天、每時、每分鐘股票價格的變動，錯以為是人生的一切。因此，當股票暴跌時，便會覺得痛不欲生。

這樣的不同，不能不說是心的問題。

在公司中，「某某某比自己晉升得更快」、「因工作大意而受到上司的訓斥」、「利潤未達到預期的設定」等，都是苦惱的根源吧。但是從心境更加清淨的人來看，這些事情是沒什麼大不了的。

就像這樣，每天佔據內心的大多數問題，若從較高的境界來看，有時會很容易地得到解決。能夠進行高度判斷的人，只需三分鐘便可解決的問題，另一個人則可能需絞盡腦汁花上一星期的時間，甚至一個月。若如此，這件事就會給此人的人生，帶來相應的不利影響。

每一天都很珍貴，懷著怎樣的心度過這每一天，應該做更多的思量。一天的長度不能增加，但卻可以改善一天的品質。

因此，各位應該多多思量一下：「改變自己一天的品質，應該做出多大的努力？怎樣努力才能改變一天的品質？將人生變成黃金的魔術在哪裡？如何才能讓自己的每一天發出金光？」

二、學習的態度

在思索每一天的意義時，不得不去檢討如何才能改變一天的質量。在此要探討的是：「學習的態度」。

首先，必須進行知識層面的學習。

正如前一章所述，理解人生的關鍵在於掌握偉人們的思想。透過學習這些偉人的思想、哲學書籍和文學書籍，使心提升到更高的境地，從而能輕而易舉地解決人生的問題。

為了獲得這種更高的認識力，知識的積蓄遠遠勝過一切。

為什麼必須有較高的認識力呢？這是因為獲得較高的認識力，就如同人類的靈格得到相應的提升一樣。

人的偉大，說穿了，體現於認識力上。究竟能夠從怎樣高度的見地出發，或者從怎樣廣闊的見地出發，來觀察人類或世間的一切，就能看出此人的偉大程度。

譬如，即便是沒人教就無法掌握的事情，若能透過事先蒐集各種基礎常識和知識，有時便可能順利地弄個水落石出了。

另外，人生容易遭到誤解，而誤解的原因，大多不外是無法理解對方的心，或者是搞不懂「為何這樣的事情偏偏會落到自己身上？」但是有時候又因為沒有那麼多的時間，去聆聽對方的說明，或者只是單純地彼此會錯了意，因而有了誤解。

然而，透過了解各種不同人的成長背景和思考方式，便會漸漸地明白「自己為何處於如此的立場？」

總之，知識的積蓄將會在了解自身、善解人意、探知世界，即理解佛所創造的世界方面，成為一種非常巨大的力量。

那麼，透過了解自己、他人和世界，將會得到什麼呢？那就是「幸福感」。

「知」是一種喜悅，隨著知識範圍的擴大，自己的世界也會相對地擴大。

比方說，恐怕沒有人「想讓自己變成一隻螞蟻」吧！為什麼呢？歸根究柢，我想這還是一個世界觀的問題。

螞蟻所持有的世界觀，與人類所持有的世界觀，可以說有天壤之別。人所考慮的事情，螞蟻是無法想像和認知的。不正因為有了這種差異，人才會總是做人該做的美夢，而不會想變成一隻螞蟻的嗎？

如此看來，知識也是一種巨大的幸福源泉。

此外，並非從知識當中學習才重要，從經驗當中學習的態度也很重要。這就要樹立一種「在日常事物中，必定有豐富自己人生的東西」的觀點來度過每一天。

在人生的大風大浪中，人們總是想「自己為何會處於這樣的苦惱和災難之中？」然而，事實上苦難當中必定存有某種學習的材料。而且，這些過程都將累積變成人生的磐石，這也是事實。

各位都在祈求每一天平平安安、泰然無事。但是，當人生的帷幕逐漸合攏，在你回首自己的一生時，假使整個人生旅途中，完全都風調雨順、平平淡淡，你會感到滿足嗎？你會覺得「這是光榮的一生」，死而無憾嗎？

實際上，只有當你在波濤萬丈之中破浪前進時，靈魂的光芒和喜悅才會增加。在與苦難和困難抗爭之時，雖然伴有恐懼，但在其中卻可品嚐到各種滋味。因此，光也才會一圈一圈地增大。

我絲毫沒有對苦難或困難加以禮讚的意思。但是，不可忽略的是苦難或困難當中，確實有著助人成長的因素，這也是事實。

平凡地度過每一天，人將無法成長；而被苦惱纏得痛不欲生時，若能克服這種苦惱，便會產生極大的自信。

被稱為聖賢者，其生活的秘訣，我想就在於他們有一種「不管經歷過何種考驗、遇到怎樣的人，我都要從他們那裡，如饑似渴地有所學習」的態度。

僅從某一方面來看，比任何聖人都還要優秀的人，世上數不勝數。孔子是位了不起的聖人，但是肯定有人可以表現出孔子所不能做到的優秀技藝。

即使是惡人，也有值得學習的材料。即便是被稱為惡人的人當中，也有非常關心他人的人。

人生就像這樣，它取決於「你從經驗中到底學到了多少」，這就是佛給我們安排的習題。

人生愈是變化萬千、愈是起伏不定，可以學習的材料就愈多。從中到底能夠學到多少、發現多少則是每一個人的課題。

在此節的最後，我想特別強調的是：「在學習的態度上，應該更加、更加地如饑似渴」、「應塑造出一個自豪於在一天中能學習到許多事物的自己。」

記筆記自然不錯，但不能僅僅當成是記事簿。一天之中自己究竟學到了多少，才是關鍵。

與其一天什麼也不做而虛度年華，還不如積極地接受痛苦或困難的考驗。因為這對靈魂來講，反倒會成為一種食糧。從靈魂食糧這個觀點來看，可以說在人生中是沒有所謂白白浪費的東西的。

三、積蓄的效果

我們探討了每天的意義和學習的姿態，下面將要講述的是「積蓄的效果」。

在這十多年的時間裡，我寫了三百本以上的書。（編注：二〇一一年三月為止，著作已超過七百本）人們常常驚嘆：「怎麼能一下子寫這麼多的書！」

若在積蓄不多的情況下，要想寫出這麼多的書，對一般的人來說，肯定會黔驢技窮。但是我卻不一樣，我的題材並沒有寫盡，源泉沒有枯竭。為什麼呢？這是因為進大於出，因為充電超過了放電。有的人只顧放電，卻很少充電，這樣的人肯定不了解「放電量不能超過充電量」的原則。

因此，增加積蓄的思考方式很重要。

這不僅限於精神和知識方面，在經濟方面也是一樣。在家庭收支方面，支出是不能超過總收入的。為了維持家庭開支，必須要有積蓄，若沒有積蓄，支出是不能超過收入的。

因此，賢明的人應該如何安排呢？那就是在收入的範圍內進行支出，並且將收入的一部分儲蓄起來，這才是賢明的生活態度。

現在已進入信用卡的時代，年輕人享受到「信用卡文明」之恩惠的人為數不少吧！對用現金支付、購買只能望洋興嘆的電器產品或小汽車等，若使用信用卡，則可提早享用。熱衷於此的人，好像為數不少。

我承認這樣的信用卡很方便，但是不能將其作為人生理財的基礎。

「依靠未來的收入，並且提前花光這些錢」，這樣的想法是負面思想、地獄的思想，它是不符合佛法真理的。在收入的範圍內生活，並在這種生活中有所儲蓄的踏實生活方式，才是佛所提倡的。

據說，在美國無法控制自己欲望的人，正在興起消滅信用卡的運動。而且，為了讓那些自己無法丟掉信用卡的人得以解脫困境，甚至出現了一種「幫助將信用卡粉碎丟掉」的職業。

由於有了大量的信用卡，容易造成過度使用，因此不久就會變成欠債的火球。為了償還這些欠債，然後又去借貸……。

因此，請各位一定要在收入的範圍內生活，並為將來而儲蓄，而且要維持這樣的生活態度。

對於靈魂來說其理也相同。只要有可能，即使實力不足的人，也想比他人更偉大一些，追求頭銜或地位。為什麼說這樣不好呢？因為一個沒有累積相當實力的人，若想去領導他人，就如同用信用卡提前透支一樣。

即便所有的人都想「做一下經理威風威風」，這也是不行的。為什麼呢？因為假若是有實力的人當上了經理，即會給許多人帶來恩惠；而沒有積蓄實力的人，若坐上經理這個位置，就會枉費經理的職位，給眾人們帶來苦難。

事先被吹捧得神乎其技的演員或體育選手也是一樣，若人氣與此人的實力相當，是件好事。若人氣很高，而實力不足，這種人將會令人大失所望。

名聲還是要實至名歸的好，人氣也要名符其實。若想獲得大於實力以上的人氣，肯定會出現不切實際的現象。

因此，為了獲得人生的勝利，積蓄實力的確不容等閒視之。這種積蓄即使今世用不著，即使今世得不到賞識，它也會變成財富而儲蓄在天國的倉庫中。

也就是說，人生中所學到的一切，也許在工作或家庭生活中發揮不了作用，但是存在著一個事實，即「所學到的一切都不會白費」。

各位在高中時代都學過物理、化學和地理吧！各位或許會想這些對將來有什麼用呢？然而，了解這些將有助於使各位的認識力保持平衡。

這也可借「無用之用」這個詞來表達。

不管是多麼巨大無比的橋，一個人行走所需的寬度，頂多不過二十到三十公分。只要有這樣的寬度，就足以讓人在橋上行走。

那麼，橋的剩餘部分不就白費了嗎？其實不然。在湍急的河流上，若架設一座寬僅三十公分的圓木橋，一般的人必將望而卻步，會因恐懼而寸步難行。

走鋼絲繩索也是一樣，若將鋼索放在地面上行走，誰都會走得過去。但是，當我們看見鋼絲架在屋頂之間，以及在上面行走自如的人時，便會感嘆：「居然連這樣的事情也能做到！」

像這樣，即使是實際上看來應用不到的部分，正因為有了此部分，才能使自己躲避各種風險，並因此而心安神寧，這就叫「無用之用」。因此，從這「無用之用」的部份——即積蓄部分的厚薄，便可掂量出此人的實力。

積蓄實力不多的人稍有風吹草動便會驚慌失措。而另一方面，積蓄豐厚、內心具有絕對自信的人，即使遇到些許的責難或挫折，內心也會穩如泰山。因此，增加這樣的積蓄、鞏固冰山水面以下的部分，就顯得格外重要。

而且，積蓄還有意想不到的效果。這就是在意想不到的時刻，會成為開啟你人生另一條道路的一把金鑰匙。即使目前看來毫無用處的東西，十年或二十年後，就有可能在意想不到的地方，以出乎意料之外的方式開花結果。

自己將來需要什麼，實在難以預計，但即便以為累積了許多徒勞無益的經驗，可能在某個時候，這些經驗卻會發揮意想不到的作用。

我在從事目前的工作以前，曾在綜合貿易公司工作過六年。

在那兒的工作期間，有一個疑問時常在我腦海中盤旋：「這樣的工作，何必要花掉一整天中的大部分時間呢？為何要在與佛法真理或心的問題毫不相干的世界裡，度過一天中的大部分的時光呢？」因而心中曾三番五次地思忖：「我絕對不是為了做這類事才降生於世的吧！」

在綜合貿易公司裡，我的專長與外幣兌換、國際金融和國內資金有關係，對金錢的流通有充分的了解。但曾發愁過：「這些事情，與心的世界有何相干呢？」並且對自己當時的生活狀態，腦中曾閃過一絲不安。

然而，這樣的經歷卻在「幸福科學」中發揮了很好的作用，對此，我現在是深有體會。在貿易公司期間所學到的有關人事的調動、組織營運、資金流向、資金的應用等，都在目前的工作中大大地派上用場。

打算在心的方面投入全部力量的人，遇到組織營運或資金運用方面的問題時，想必很多人會意外地感到束手無策。尤其是宗教家，對這些問題一籌莫展的人為數不少吧！由於知識或經驗的不足，造成組織營運不當，從而無法實現本來的意圖或意志，這種事不在少數。

然而，由於我在「無用之用」這部份，在以為與佛法真理關係不大的部份，曾經有過竭盡全力工作的時期，所以有一定的積蓄實力。我深深地感到，這種積蓄正以某種形式發揮著作用。

此外，我曾在美國工作過，在貿易公司裡，曾與黑皮膚和白皮膚的美國人、韓國人、中國人、菲律賓人等各個國家的人一起工作過。透過這些，了解了各國人的思考方式及特點，以及他們與自己不同的價值觀。

目前，我之所以會強調真理的多樣性、正確的多樣性，如果追根溯源，我想原因之一，就是我曾在這種國際社會中，與思想各不相同的人來往過。

在自己以外的思考方式中，其他合理的想法簡直多不勝數。這種親身體驗，我想與我目前的思考方式的多樣性，是密不可分的。

形形色色的宗教家們都在散佈各種教義，每個人都在宣稱「只有我們的教義才正確」。

然而，我為何能不持這種思考方式而心平氣和呢？就是因為曾經與國籍不同、膚色各異的人們一起工作過，充分吸收了他們的思考方式，並當作「無用之用」而發揮了作用。

就像這樣，人們會在工作中得到鍛鍊。有時認為「從將來的目標來看，或對現在來說，一點用也沒有」的事，不久之後，也許會以某種方式而大放異彩。

所以重要的事情是，即使認為「從自身的自我實現的目標及理想來看，自己目前好像正在走彎道、正在從事毫不相干的工作」，但也要將此時所給予自己的教材加以充分利用。

認真解答目前交給我們的習題集，總有一天是會有用武之地的。

雖然我們在學生時代所學過的數學，進入社會後也許沒有發揮多大的用處。然而，所學過的東西，肯定會在某個地方，即在此人的人格或教養中起到一種平衡的作用。

另外，難道說小說家只需閱讀文學作品就夠了嗎？答案是否定的。通曉人世間的各種動向，熟知世界，這些將構成小說家創作的素材。為了進行積蓄，對於自己目前不需要的東西、其他各種事物都要多加關心，並持續不斷地收集訊息，這非常重要。堅忍不拔地收集目前不需要、但可以成為某種食糧的訊息，終將有一天會產生極大的效果。

四、意外收穫

前一節我曾講述過「積蓄的效果，終究會獲得意外的收穫」。這種收穫，有的在今世便可實現，有的可能要待來世方能如願。一些在世上生活看來極其悲慘的人，離開人世後，回到靈的世界，才發現自己的修行已到了很高的境地，這種人多不勝數。或者，在這個世界默默無聞的人，回到靈界後卻意外地發現竟已升到崇高的境地。

耶穌的母親瑪麗亞，生前也談不上多有涵養。做為一個木工的妻子，她心地善良，一生平平淡淡。看待耶穌，她也難以有對待救世主一樣的認識，只是像對待自己可愛的孩子一般地看顧他。

耶穌活到三十歲時，便開始向人們講述神的道理，曾召集過廣大的眾人，但卻反而遭到迫害。

她活著時，一心只想讓自己的孩子過得幸幸福福。終於有一天，當她看見被綁在十字架上的耶穌時，便像發了瘋一樣大聲地哭喊嘶叫。

生前的瑪麗亞就是這樣一個人，她絕對沒有想到自己是一個偉人。當她離開人世，回到實在界時，卻成為全世界最受尊敬的女性之一，現在被稱做聖母瑪麗亞。

剛剛回到天上的瑪麗亞，一時對於形形色色的事情感到有些疑惑，甚至驚奇，但不久便回到了本來的位置，回到了被稱做聖母瑪麗亞的高尚優秀的、做為女性高級靈的地位。

目前，她每天都在聽各種人向她訴苦，為了女性、為了家庭、為了孩子、為了全世界的芸芸眾生，不停地工作著。

這樣的人，在人世時，以木工妻子的身份度過了平凡的一生。然而，在這期間她卻度過了真實的一生，絕對沒有想到自己死後會成為一個偉人。她只是對自己的丈夫、孩子或鄰居們，懷有特別善良的心，並過著信仰的生活。

儘管她與這個世界的地位或者名譽完全無緣，但卻一心愛著自己的孩子——耶穌，這是事實。這樣的人離開人世時，反而得到如此大的收穫。

有一句話叫「福從天降」，講的就是這個真理。人生中，需要體驗和積累各種不同的經驗。然而，僅僅追求結果的積蓄，是不夠的，不能變成結果主義。人生中會有意外的收穫，也會有大的轉機。

即便是做過國務院總理的人，也有可能會墜落地獄。相反的，一個生活平凡的人，也是有可能會達到非常美好的世界。

區分好壞的標準之一，就是心的純潔性、純粹性和無私性。對於持有這些特性的人，一切事物，都將成為其學習的食糧、成為其向上的階梯。

得到意外收穫的條件，就是要堅忍不拔、純粹地度過人生。純粹地生活，有時會遭到這個世界的各種誤解，也可能會受到人們的嘲笑。但是，堅忍不拔的生活態度必定會在某個地方得到巨大的收穫。

譬如，我借助大量的著作，講述了心的世界、靈魂世界的真實存在，但是並非所有的人都能理解，仍有誤解的人。

但是捫心自問，若自己並未扯謊而是懷著一顆純粹的心，那麼只要真心誠意、腳踏實地、實事求是地諄諄教導，相信終有一天會得到人們的理解，這一點非常重要。

目前我的心中充滿著一個願望，即是「如何才能出版更多佛法真理的書、心靈的書」。

「只要有人接觸到我的書，哪怕只是稍微有一點轉變，我也就知足了。而且，不僅是現代的人們，哪怕是在我離開人世後的人、後進之人，讀了這些書之後，能夠得到心的喜悅、成為其心的食糧，我都將感到非常幸運。」

我就是滿懷這樣的心情在過日子。

積蓄，不能是為了私欲的積蓄、只顧自私自利的積蓄，應該懷著「最終要為偉大的目標做出貢獻」的純粹之心，每天進行累積。這就是「儲蓄於天國的倉庫」的真義所在。

不是為了尋求今世或來世的好評，而是純粹地傳達自己的思想，毫不保留地生活下去，這是很重要的。

五、再生產之道

在本節中，我想探討一下最後的「再生產之道」。

人要學習各種知識，另外，也要體驗形形色色的經驗，並從中得到許多教訓。這樣的事，不能只為自己，不能僅僅為知識而學習知識。比方說自己幹活所得到的工資，原本是毫無價值的，但是透過使用，金錢即會顯出意義來。如此一來，才會有「自己工作所得到的食糧，將成為他人工作所需的食糧」的這一種循環。

經驗也與此相同。自己透過某個事件所經歷的事情，或者說領悟到的東西，並不能自我滿足後就完事，而應該進行有助於他人醒悟的再生產題材，這是很重要的。

各位應該在人生中，體會過各種酸甜苦辣的教訓吧！這種教訓的積蓄，不能僅僅當作自己的財產，而應該以各種形式展示出來。不僅對待家族和友人應該如此，即使對於人生道路上遇到的形形色色的人，也應該如此分享。

首先，自己應該每天反省，憑藉這種覺悟的積蓄，然後幫助世上的人們醒悟。

而且，並非只以可見的形式讓人們醒悟才重要。各位必須知道，我曾講過「存在之愛」：「一個用知識裝備自身、提高自己的修養、學習教訓並已覺悟的人」，其存在本身，對於其他的人來說，就是一種偉大的愛。

學習人生教訓而有覺悟的人，這樣的人在公司中哪怕僅此一人，對於正在此公司上班的其他員工來說，都將是一種多麼偉大的愛、多麼廣博的存在之愛呀！

另外，對於追求佛法真理和法的人來說，有現存的老師，這是多麼值得慶幸的事啊！這是無法用金錢來交換的。佛陀也好、耶穌也好、孔子也好、蘇格拉底也好，從當時活著的人來看，都是無法替代的存在。

天台智顗曾說過：「佛陀再誕之時，我也想轉生於世間。為此，哪怕是做一個痲瘋病的病人，我也心甘情願。」事實的確如此，與開悟之師同處一個時代，這件事本身，對於大多數人來說，就是一種難得的幸福。

不是誰都可以成為一個能夠登台說法的人，但是，儘管是如一顆豆子般大小的自己，也可能會成為放射覺悟之光的存在。如果是做「一個小小的存在之愛」，誰都有這種可能性。

「自己一輩子所積蓄的東西，不能只是積蓄而已，而應該讓其成為使眾人喜悅和幸福的催化劑」。假使自己已經成為幸福之人，則應將這種幸福進行再生產。這是人應盡的義務。

請各位於心中描繪「幸福再生產」的景象，努力不斷地積蓄吧！

第三章

與苦惱的對決

一、苦惱諸相

當我們思索如何才能過得幸福時，最終都會歸結到「當人生中出現各種苦惱時，到底應如何與之對決？」這一問題上。

正如「人生是一本習題集」這句話所表達的一樣，每個人都會得到與其靈魂相對應的考驗。如何克服這種考驗，將決定此人的真正價值。

因此，看看此人究竟碰到了怎樣的苦惱，便可明白此人靈魂修行的內容是什麼，什麼東西是其最高的價值。

苦惱這個詞，令人聯想起貝多芬。在耳疾不斷加重的情況下，仍能堅忍不移地創作音樂，想想這種苦惱，我想誰都不會期待自己度過像貝多芬一樣的人生吧！可以說，這裡存在著堅忍不拔地活過來的人的英姿，其靈魂必定閃爍發光。

另外，近代還有海倫・凱勒女士這樣的生活態度。海倫・凱勒與拿破崙相比，到底誰更偉大呢？或者說，海倫・凱勒與歌德相比，到底誰更偉大呢？這是無法一概而論的。

即使是大英雄拿破崙，也很少有夜晚睡得安穩的日子吧。此外，即使是大文學家和政治家的歌德，聽說其不眠之夜也多不勝數。歌德曾留下這樣的言語：「在我的人生中，真正幸福的日子，連一個月都不到。」

與這些偉人們的生涯相比，海倫・凱勒的生涯絲毫也不遜色。為什麼呢？這大概是因為她肩負著如此這般的痛楚，卻努力從一切事物中發現美好的東西吧！

在五官健全，待遇豐厚的情況下，人們往往傾向於只看到生活中的不足，一旦處於有眼不能看、有耳不能聞、有嘴不能說的狀況，此時僅有的只不過是「活著」這個事實吧！因此，覺察到「光活著就很了不起」這件事也很重要。

據說雙目失明的人，所做的夢就只有在黑暗中聽見聲音的夢。但即使是這樣的人，他們的生命與常人，卻沒有什麼不同；而且即便在這種狀況下，也可從中領悟活著的真正意義所在。

有時各位必須以經歷痛苦人生的人為榜樣，並對照自身。

各位苦惱的原因在哪裡呢？多數情況下，其原因都是在一些小事情上，且一般都是感情問題。在大部分情況下，難道不是因為自己的心情與他人的心情無法得到調整，因此而感到苦惱的嗎？大部分苦惱的原因，就在於自己與他人的糾葛之中。

但是，只將自己與他人做比較，人生的苦惱是永遠無法得到解決的，為什麼呢？因為不管怎樣，只要回首過去或環顧身邊，肯定會存在令人羨慕的人。

然而，在古代希臘，卻有一位叫戴奧堅尼斯（Diogenes）的人。此人總是破衣濫衫，住在一個桶裡，被稱作「桶中的賢人」。

有一天，亞歷山大大帝來到這個城鎮，然後，亞歷山大大帝走到戴奧堅尼斯的面前，對他說：「戴奧堅尼斯啊！我可以滿足你的任何願望！」不料戴奧堅尼斯卻答到：「請讓一下，別擋住我的陽光。」

這樣的史話經過了兩千多年的歲月，流傳至今。

對於戴奧堅尼斯來說，他的幸福就是能在陽光的沐浴下，在桶中渡過平安的一天，這樣就足以使他心滿意足了。

僅有日光的照射就已心滿意足，衣著、金錢、地位、名譽，全都不要。僅僅能在桶內進行思考，就足矣。每天不必受他人的指使，活得自由瀟灑。而在這個時候，不知哪個叫做亞歷山大大帝的、人稱偉人的人站在自己的面前，擋住了自己的陽光……。

所以，戴奧堅尼斯答道：「請讓一下。」對此，就連亞歷山大大帝也無言以對。

亞歷山大大帝本以為「自己可以自由支配這個世界中的一切」。的確，若是「想要宮殿」、「想要錢」或「想要妻子」等願望的話，亞歷山大大帝是無所不有的。

然而，即便是握有如此大權的君王，對於戴奧堅尼斯來說，也只不過是一個遮擋太陽、製造陰影的障礙物而已。

這段軼事，在此顯示出「活在心靈王國中的人」與「活在這個世界榮光中的人」的差別所在。

古代中國也有類似的佳話。在百家爭鳴的時代，老莊思想中的莊子，也有過類似的經歷。他曾收到過來自當權者的「請來做大臣」的邀請，但他一下子就拒絕了。

當時，莊子留下過這樣的言談：「與其過著伺候人、聽人指使、忍氣吞聲的人生，還不如像豬一樣在泥土中嬉鬧。對於這個世界中的地位等等，與我毫不相干。」

從戴奧堅尼斯和莊子的話語中，我看到了一個能徹底支配己心王國之人的姿態。這是一個不因身邊周圍狀況或這個世界的價值標準而動心的人的姿態。

這種即使不追求亞歷山大大帝所能給予的權力、名譽或金錢等，也能獲得幸福的人的存在，或者「與其做一國之大臣，還不如

像豬一樣嬉鬧於泥土之中」的莊子的心境，是值得我們借鏡的。

在此，存在著一種「不想被他人的意見或言語，也不想被他人所創造的環境來支配自己的幸福」的姿態，這是能夠支配心之王國的人的偉大。

俯瞰苦惱諸相後，便可以發現到苦惱的根源來自於：「想要讓自己去符合自身以外的價值標準」、「無法讓自己不要迎合他人的意見而苦惱」、「接收到太多五花八門的訊息，進而產生了苦惱」等等。

究其根本，苦惱的根源來自於自己與他人的比較。

各位應該時常想想戴奧堅尼斯和莊子的軼事，想一想自己的苦惱，不就是起因於自己想要獲得身外之物，以為如此能讓自己幸福而引起的嗎？這其實不就是自己還沒有能夠完全支配自己的心所造成的嗎？從戴奧堅尼斯和莊子的境地來看，世上多數的人不都是為了頭銜、金錢或異性等而讓心性飄搖不定嗎？不都是一個弱不禁風的人嗎？苦惱的原因，其實不就是因為自己向外謀求自身的幸或不幸嗎？

對此，各位有必要加以深思。

二、人生的不安

總的來說，我認為引起人生不安的大多數原因，也出自於價值觀上。「自己希望人家所看到的自身形象，是否會毀於一旦？自己的價值有無被貶低？」這些都是不安的原因。

若是在談戀愛的，則會想「會不會被對方拒絕呢？」如果是在公司上班的，就胡思「是不是再也無出頭之日了呢？」假若在做生意的，則亂想「是不是要失敗呢？」或者擔心「會不會生病呢？」。

這些不安，說穿了就是在擔心「現在的自己會不會愈來愈糟？」

總而言之，人生的苦惱和不安的原因，其元兇就在「左右自己幸福的關鍵，存於外在」的思考方式，這種想法動搖著人的心。

在此，我想談一下出現在《舊約聖經》中的人——約伯的故事。

這個正直、善良的約伯，有非常深厚的信仰心，不管遇到怎樣的事，其信仰都沒有動搖過。

但是，從某個時候開始，約伯卻連續遭遇了一個接一個的不幸。家畜被搶奪，傭人遭殘殺，兒子和女兒也因事故而離開人世。而且，約伯的身上也長出膿腫，變成了一副相當可憐的樣子，約伯幾乎失去了所有的一切。

這時，約伯向天吶喊：「神啊！我依循著正確的信仰生活，可是對於這樣的我，為何會有這樣的不幸呢？難道我有什麼不對的地方嗎？懷著深厚信仰而生活的人，應該得到相應的環境吧！應該得到應有的成功、繁榮或光榮吧！可是在我的周圍，為何發生這麼多的不幸呢？好好的一個家殘破不堪，家畜也喪失殆盡。而且，我自身也變成了這麼一個醜八怪的模樣，為什麼會這樣呢？」

於是，神作出了如下的回答：「約伯呀！你到底明白什麼？你明白神的心嗎？你了解創造這個宇宙的神的真正想法嗎？我為什麼給你如此的考驗，你明白其中的意思嗎？你咒罵環境，但你這麼做，就正是你的錯誤所在。」

總而言之，《聖經》想要教導些什麼呢？亦即：「咒罵環境是無法獲得幸福的」、「週遭環境好就信仰，週遭環境差就不信仰，這不是真正的信仰」。

信仰是內在，絕不允許受到外來因素的侵犯。即使受到酷刑、被槍彈擊斃，或者被戰車碾碎，自己也要堅守己心的王國，如此態度非常重要。

也許各位會遇到他人的批判或惡語中傷，這些就是言語的槍彈。但是，必須懷著即使被這些東西攻擊，也絕不動搖的信念和信仰。

而約伯確實在一帆風順時真心誠意地信仰過神，但是在遭遇各種不幸時，卻突然懷疑神了。

這樣的例子，在這個世界裡不勝枚舉。例如：一位受到熱情款待且被信賴之人，一旦開始抱怨自己際遇不佳時，將會突然失去人們對他的信賴。

在公司裡也是一樣。當上司正在栽培自己時，就會拼命為這個上司賣命，一旦得不到提拔時，馬上就惡言相向，這就是平凡人的樣子。

這樣的事，在宗教團體中照樣存在。當自己得到好的職位時，拼命努力；一旦自己的地位下降，馬上就會有人牢騷滿腹，這真是愚蠢至極。

這樣的人與約伯所處的立場是一樣的。一帆風順時，過著正確的信仰生活是很容易的；但是，只有在自己遭遇困境之時，才是真正接受信仰考驗的時刻。

為了鍛鍊人的靈魂，有時佛神會考驗人。鍛鍊靈魂最重要的時機，是在得意之時和失意之時，在這兩個時期裡，將會暴露出這個人的真實面目和本性。

得意時，不得意忘形；失意時，不垂頭喪氣，堅持平日腳踏實地的努力，這樣的姿態是佛神對人的一種要求。

總之，人的不安乃起因於「在與他人的關係中，自己是否會被比下去」的憂慮。即便自認為是自己的優點的東西，也常會懷疑是否真的是優點。

認為只有自己的美貌才是幸福源泉的女性，一旦這種美貌開始褪色時，究竟能剩下什麼呢？或者，僅以年輕作為資本的人，當這種年華消逝時，又將怎麼辦呢？

我想說的意思是一樣的，「當外在的東西要害自己、要貶低自己的價值時，無法忍受如此環境，痛苦地在地上打滾」的狀況，便是不安的真正面目。各位必須認清，此時正是信仰或信念接受考驗的時刻。

對自己有利便信仰，對自己不利時則不信仰，如此的信仰是假的信仰，那只不過是為了利益的信仰。

要知道人生中大部分的不安，都源於企圖從外在尋找幸福源泉。之所以會產生不安，就在於自己內在還有相當多不堅固的部分，自己對自己的內在尚未承擔起責任來。

三、失眠之夜

因苦惱而心神不定，或處於人生最為不安的際遇之中時，大部分的人都面臨過不眠之夜的折磨吧！讀者當中，也許目前就有人正在度過失眠之夜。

不管熬到多晚也睡不著，在被窩裡盯著黑咚咚的天花板，一夜都不曾闔過眼，直到看見黎明的到來。天空開始泛白，剛剛昏沉欲睡時，早晨卻已來臨。然後，新的一天又將開始。身體感到困乏、心情不佳，陣陣不幸感湧上心頭……，這種痛苦真不好受。

那麼，應該如何面對這些不眠之夜呢？不眠的原因幾乎都在於

「不安」，我想對正在承受不眠之夜所折磨的人，指出以下的事實。

第一、「失眠之夜不會長久」。還未曾有過三、四年都不曾睡覺的人，這只是暫時的現象。

第二、「你的靈魂目前正在接受考驗」，在這樣的時期，能讓自己得到多少磨練、淬鍊是很重要的，必須以這樣的態度來接受考驗。

另外，當不眠之夜持續不斷時，不要妄下結論，而要默默地忍耐。

勝海舟曾說過：「人生每隔七年或十年為一週期而變化。因此，若能忍受十年的陰天，終有一天，日光還是會照射下來；反之，即使眼前烈日當頭，十年之後也會出現陰影下的日子。碩大命運的走向，不會持續十年以上。」

這是有其可能性的，雖說得不到陽光的照射，但在這個期間悲嘆、嚎啕、呼喊都是沒有多大益處的。

當某人不走運時，週遭之人會旁觀此人將如何過活。際遇不佳時，若只是像常人遭難一樣地過日子，不僅此人無法從逆境中學習到什麼，他人亦會對此人產生很低的評價。際遇不佳時，該選擇如何度過是非常重要的事。

際遇不佳便唉聲嘆氣、悲憤不平，這樣的人做為人來說，當歸類於「上中下」等級裡的「下」。默默忍受悲痛的人，則歸類於「中」。

想到「熬過這段時日，盡力設法向上，並為此而努力」的人，則應歸於「中上」一類。那麼，想到「遇到不幸之時，正是拼命苦幹之良機」的人，則應歸於「上」類。

那麼，「上上」之人又是怎樣的心態呢？那就是在遇到不幸時，從中學習教訓，逆向思考，使靈魂更加強大。不要總是懷著不走運的心情，而是要將自己鍛鍊得更為堅強，這一點很重要。

曾經一個因身體虛弱而被告知「這樣下去，將無法健康長大」的人，開始想盡辦法克服先天不足。從孩童時代起，此人就在堤岸上跑步和練習其他運動，後來竟然成為一名奧林匹克選手。這是我曾在某本書中讀到過的故事。

事情往往就是這樣出乎意料。以為自己只有一般人平均以下的力氣，若能毫不氣餒，不單單只是忍受，而是腳踏實地地磨練自己，在不知不覺中，就會飛躍到一個意想不到的境地。

一個是心想：「自己真是不幸，一定要設法脫離這種不幸。」一邊懷抱著不幸、一邊努力向上的人；而另一個則是對不幸毫不在意，每天腳踏實地的鍛鍊、提升自己的人；兩者相比，其差別是非常大的。

簡而言之，在失眠的夜裡，關鍵是要磨練自己。

睡不著，也意味著人生當中能夠活動的時間反而相對增加。我在失眠之夜，不會硬是想要去睡覺，而是一個勁地埋頭讀書。

在困難之時或擔心、不安之際，藉這樣的時候磨練自己，是絕對不會吃虧的。

假使我是運動員，在這樣的時期，也許會跑一跑馬拉松鍛鍊一下身體。可是我不是這種類型，由於我對心靈世界、思想範疇的東西感興趣，因此會在這方面的學習下苦工。

我與靈界相通是在二十四歲那年，當我開始講述佛法真理時，卻已是年屆三十。我默默等待了六年，靜悄悄地積蓄了自己的力量。

這段時間，若想苦惱的話，可以說要多少有多少，苦惱不完的，為什麼呢？因為自己身上出現了靈性現象，並被明確地告知自己的使命。然而，在自己周圍並沒有出現新的氣象，或展現出一個與這種使命相應的世界。

但是，我並沒有因此而苦惱，而是忙忙碌碌地過來了。即使是在這個世界裡，我也做出了超乎常人的工作業績；此外，我將工作之外的所有時間，全都用於投資將來，這樣的態度我始終堅持如一。

現在，我雖然在做自己本來的工作，但當回顧自己的過去時，會為自己沒有躊躇不前，而是專心於磨練自己感到欣慰。

當時，若為「自己已經接到了諸高級神靈的啟示，肯定也有相應的使命，但卻未出現與此相應的環境」而苦惱的話，也許就沒有今天的我。

然而，在這段期間，我思索了將來的一切。「到底自己所需要的是什麼？總有一天會在眾人面前演講，或是寫書吧！到那個時候的重要事情，必定是心的修行或知識的積累吧！」

「要想從人生經驗中得到許多教訓，大約需要花四十、五十或者六十年。因此，對於經驗不足的部分，不得不用知識來加以補充。」

這麼一想，我也就專心致志地進行自我磨練了。並非什麼都不考慮，而是想到「不久就會給自己一個相應的環境」，因此主動地進行了自我磨練。

我想這就是對失眠之夜的良策之一。

關鍵是，不要失望於沒有得到一個能夠遂行自身使命的環境，而是要想：「如果自己真有使命的話，肯定會在適當的時候出現一個適當的環境，開花之時一定會到來。儘管自己不知道這個時期何時到來，但是等這個時期來臨之前，要專心地磨練自己需要的能力。毋須嘆息、毋須悲傷，奮力向前。」

一遇到困難就動搖，不過是一個凡人而已。正是在這樣的時期，更應該努力不懈。

四、太陽還會昇起

「太陽還會昇起」這句話，也許是老生常談。然而，這個詞卻反映了人生真諦，太陽的的確確還會昇起。

傍晚，當太陽從地平線上消逝而去，經過十多個小時的黑暗時期，太陽又會確切無疑地昇起。太陽向人們許諾，消逝之後必定還會再次昇起。

世界上的人類當中，有誰會認為太陽不會再昇起了呢？所有的人都堅信「太陽還會昇起」。這是為什麼呢？

這是因為人們都在想：「今天、昨天、前天、一年前，甚至十年前，或者在自己祖先的時代，太陽每天都昇起。因此，明天、後天也會照樣昇起。」

人生也是一樣，不管是在多麼困苦或苦難的時刻，太陽還是會昇起的。

遇到苦難或困難的人，有件事非常希望各位能夠去實踐。那就是，用第三者的角度，冷靜地觀察一下自己目前的狀況。然後，思索一下：「過去是不是也有人曾遇到與自己類似的苦難或困難呢？」

人們容易誤以為：「自己的苦惱很特別，是無法解決的大難題。」真的是這麼特殊的難題嗎？其實，大多數的情況並非如此，幾乎都是過去、現在曾經發生過的事情，持有相似苦惱或痛苦的人，也都可在別的地方找得到。

對此，我想講一件有趣的事情。在病人之中，有人會以得了重病而自豪。

某人到診所看病，當被告知「你的病情沒什麼」之時，便對此診斷不以為然，因而再到別的醫院去。在那兒，當又被告知「沒什麼大不了的」時候，又會上別的醫院。終於，當被告知「這真的不得了」時，總算心服口服，這樣的病人實在不少。

而且，當被告知「你的病是這世界上獨一無二的」時候，感到高興的大有人在。

如此之事實，在精神醫學領域中曾提出不少的提醒。在歐美國家的精神科醫學領域裡，患者與醫生相周旋的情形相當普遍。在許多病例中，病人並不是想治好自己的病，而是想要被證實自己是個多麼複雜的人，這往往讓一些精神科醫生感到頭痛。

換言之，那個想要享受世間優越感的願望，因某個挫折為契機，產生了相反的想法。有很多人想要讓人發現自己是一個多麼複雜、多麼容易受到傷害的人，進而讓精神科醫生感到很棘手。

如此之事，在精神科醫生與病人以外的關係當中，也是大有人在。

因此，希望各位看看自己是否是假裝著苦惱和痛苦的樣子，實際上是在進行某種自我實現？

曾經想得到這個世界的認同，但沒有得到，於是反轉過來，想讓自己扮演一個悲劇的主角，很多人不正是如此嗎？

拼命想讓人了解自己是一個多麼複雜、容易受傷害的人，假裝著苦惱，不正是這樣嗎？

對此，各位必須要好好地檢視自己是否有著如此想法。疾病也好，除此以外的問題也好，有的人總是朝壞的方向想，朝不安的方面考慮。這種傾向，必須適時地將之一刀兩斷。

許多人滿懷「自己真悲哀、真可憐」之心情，在安慰著自己的心。

「因為生了這種病，所以自己是不幸的」、「因為考試成績不好，所以造成了自己的不幸」、「是在那樣的時期、那樣的環境下，才變成了這樣」、「如果沒有那件事的話」、「假使這樣的話」等等，怪東怪西的人真是多如牛毛。

這就叫做自我憐憫，是一種覺得「自己真可憐」的情感。這是因為沒有得到他人的愛，而拼命地自己給自己愛。

自己以為是在給自己施肥，但遺憾的是，這種肥料中混雜有毒素；若繼續施肥下去，不久花草就會枯萎。從如此妨礙己心成長的現象來說，自我憐憫就是一種毒素。

自怨自艾的人，不管過多久，都無法變得富裕和美好。

挖掘出某個事件，把自己逼到可憐的角落，把自己捧成悲劇的主角，自己舔自己的傷口——有這種傾向的人不在少數。這樣的人必須覺醒，自我憐憫是絕對不會幸福的。

比方說，有的人因失戀而受到傷害，過了四、五年，還在鬱鬱寡

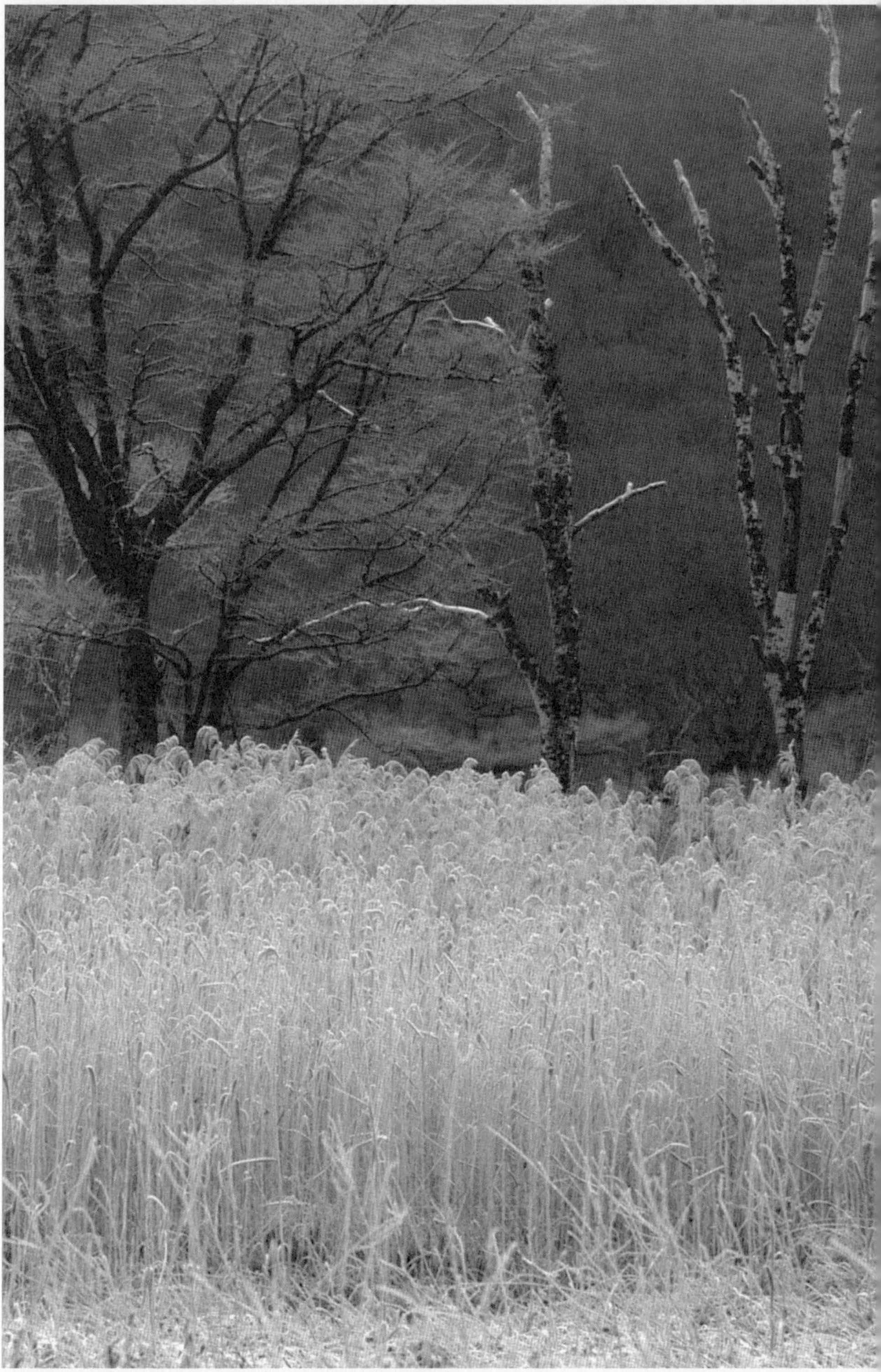

歡。也許此人在想：「對方實在太理想了，自己也盡了一切努力，但遺憾的是失敗了。這種心靈的創傷，不是四、五年就能癒合的。」

然而，就此人來看是「絕世佳人」的對象，在旁人看來，大多情況下，很可能不過是一個極普通的女性。即便是瑪麗蓮夢露，從其家人的角度來看，也並非是那麼魅力無窮，只不過是一個普通的女性罷了。

日本有許多被捧為明星的著名演員，在螢幕上看來非常不錯，可是在個人生活中，只不過是一個化妝濃一些的普通女性，或者是隨處可見的普通男性而已。他們之中的許多人，也認為自己沒有什麼了不起的，對自己的評價並不太高。

人就是這樣，動不動就把對方理想化，動不動就遭受創傷，然後自己陷入自我憐憫之中，僅此而已。

此人眼中理想的女性，果真是絕世佳人，是世上獨一無二的美女嗎？其實不然，只不過是「在學校同年級的同學」、「公司裡被分到同一個單位」、「在某場合見過面」等等，偶爾在某個地方碰過面而已。不過是在此人所見過的範圍內，對他來說最為理想的人而已，並不見得是一種客觀的評價。但此人卻主觀地把她想像為「絕世佳人」，這便是悲劇產生的原因所在。

總而言之，讓太陽重新昇起的方法，就是不要太過於在乎暗夜如何又如何，必須知道「暗夜終將過去」。

換言之，就是必須盡快與自我憐憫之心訣別，必須盡快放棄「自己像是被這個世界拋棄了」的想法。應該自覺到「自己也是一個美好的佛子」，並在如此自覺下生活；無論如何都要向前進，這一點很重要。

雖然某些人講過你的壞話，但也許也有別的人曾說你的好話。不管哪個講的是真話，只管向前走，你到底是怎樣的人，等到蓋棺論定時，自然就會明白。

因此，在短暫的時光中，不要被他人的言語所困惑。這絕不是勸導各位過自私自利的生活，這是因為人們並不見得能夠完全地了解對方。

那些沉浸於自我憐憫，容易把自己想像成悲劇主角的人，的確他們之中有很多人的環境是類似悲劇的。而自卑的人，也常常會遭到惡語的中傷。

這種情形，也常發生於狗的身上。看起來兇猛強壯的狗，人們是很難對牠投石頭或棍棒相加的。但是，那些一看見人抬手，就捲起尾巴想溜的狗，有些天生調皮的人，就會想要丟石頭過去。

因此，重要的是不要讓自己看起來軟弱可欺，並且，絕不能自我憐憫，而應該滿懷信心地走自己的路。

五、腳踏實地

在結束「與苦惱對決」這一章之前，我想要講述「腳踏實地」。

苦惱的期間，內心會像樹葉一樣搖擺不定，彷彿發生了不得了的事件一般。在此，請各位不要忘記兩個觀點。

一個是宏觀的觀點。當從無限遙遠處觀看自己的身姿時，或者說用佛眼來觀察時，在這巨大的佛眼中，自己苦惱的身姿、混亂的樣子，真的是發生了那麼嚴重的事件嗎？

一般情況下，不過是在區區數百人或數千人的公司內，發生了

「同時進公司的人，獎金比自己拿得多」、「同時進公司的人比自己更快當科長」等問題，或者是家中「妻子生病了」等問題而已。

因此，不要忘了想一想「這個苦惱真的有這麼大嗎？實際上難道不是小事一樁嗎？不過是件司空見慣的事情嗎？不是很快就會煙消雲散的事情嗎？」

從無限的遠處，眺望目前的自己之宏觀角度，對於解決人生的苦惱來說，是極為重要的。

另一個是微觀的觀點，那即是充實地過好每一天。

有的人一遇到不幸，便開始胡亂瞎忙，不顧一切後果，盡做些引人側目的事情。不顧一切地隨便採取行動，或者大肆地豪言壯語。

比方說，有人一失戀，便突然大張旗鼓去做其他事情，展現自己元氣未傷。或者，有的人在公司裡得不到賞識時，就突然到處嚷嚷：「沒關係，反正我還有別的興趣。」有些人就是會在感到受傷時，想試著展現些什麼，來引人注意。

然而，這樣的人不出三個月到六個月，終將還是會陷入自我厭惡之中，進而跌入更加痛苦的深淵中。

因此，在苦惱之時，最好不要輕舉妄動，或者是做出極端的行為。

不要因為自己痛苦，而想要招搖、吶喊，吸引他人的目光。如此一來，有時反而會引來更大的反作用力，讓自己陷入自我厭惡之路。

痛苦之時，不可做引人目光的舉動，而是要踏踏實實地走自己的路；如此微觀的角度，也是很重要的。

在自己能夠辦到的範圍之內，進行自我改造和改善，踏實地走向上之路。一天二十四小時，不要在意他人的眼光，專心蓄積自己的力量。

在公司當中，就是會有人因為沒有做好交代的事而懊悔不已，但又說大話要進行更大的事情。

然而，在這樣的時刻，自己的心已經失去了平衡，「電池」已耗盡，所以需要充電。因此，應避免引人注目，應進行內在的儲蓄。

換言之，工作失敗時，最重要的不是為了顧全面子而嚷著說要幹更大的事情，而是應該靜靜地觀察自己半年，同時進行自我啟發。

每天、每天腳踏實地向前行，比什麼都重要。注意健康，不斷充實自己的內心。當外在的事情令人眼花撩亂、心神不定時，應該使心向內，進行內在的積蓄。

不要一聽說外國發生了戰爭，便立即拿起竹槍到處亂跑。為了建造一個不會發生戰爭的國家，就必須培養優秀的國民、打好穩固的經濟、創建紮實的農業。

關鍵就是鞏固內部。內部若有縫隙，外敵便會乘隙而入，因此心中不能有隙縫。

就像這樣，與苦惱對抗時，有兩個大的視點我們必須學會。

第一、是從宏觀的觀點、佛的角度，觀察目前自己身處的不幸。如此一來，大多會發現其實那並非什麼大不了的事，或者那只是些經常發生的事，要不就是不久便會煙消雲散的事。

第二、是站在微觀的觀點上，反觀自身。不隨便說大話或輕舉妄動、或者將自己的失敗合理化。若是那麼做，僅會露出小人物的「馬腳」。失意時，應該泰然自若地磨練自身。

如果你真的是一個被需要的人、對社會是有為之人，肯定不會總是被放在一邊的，一定會有人找上門來的。

我不會說像勝海舟那樣，要你等個七年、十年。或許不用一年半載，人們對你的重新評價或任用的時期就會到來了。為了如此時期的到來，謹言慎行、磨練己心是很重要的。

如此每天「腳踏實地」，定將成為與苦惱對抗時，戰勝苦惱的方法之一。

第四章

惡靈諸相

一、何謂惡靈？

相信靈魂世界存在的人，我想對於惡靈之事的關心度是很高的。然而，即便是閱讀過幽靈小說和鬼怪故事中的惡靈，但實際要把惡靈當作是身邊之事來接受，我想那是很難做到的吧！

然而，在眼所不見的世界裡，惡靈的確在暗中作祟。本書的讀者中，我想恐怕就有人被惡靈操縱著。

何謂惡靈？那即是依靠人類的負面能量、負面意念而過活的人。

在世間抱持著負面意念而活的人，死後將奔赴地獄，成為惡靈而在那裡棲住。這也就是說，惡靈並非從一開始便是特殊的靈，而是所有的人都有變為惡靈的可能性。

人的心要抱持何種想法，對被賦予了自由，可以任意改變思想、意念的人來說，實在難以意料。他既可以抱持著天使般的心念，亦可以抱持著惡魔般的心念。

而很遺憾地，所謂的惡靈，就是那些錯用了心的使用方法的一群人。

那麼，錯在哪裡呢？我想把焦點放在此處來討論。

惡靈之所以被叫做惡靈，就是因為惡靈「發出了有害於他人的心念」。

關切自身利益，絕對不是惡，然而惡靈在關切自身的思緒中，

不管是消極的還是積極的，卻有著傷害他人的意念；在那種只想顧到自己的心念中，有著「設法將他人拖下水」、「自己才是最好」的壞念頭。

關切自己的意念，若朝著正確的方向引導，則會成為發展、繁榮的原動力，但若稍有不慎，則可能會導致嚴重的後果。

那種只管自己過得好的念頭，就如同是往河裡亂丟垃圾、亂排汙水，自己完全不在意。然而，其結果就是讓下游的人遭殃。

因此，對此就必須要有一定的規矩。比方說，規定每週的星期幾才能把垃圾集中放置出來。若是有人只想要家中乾淨就好，進而邊走邊丟垃圾，那是不被允許的。

然而，那些不知道為何不能亂丟垃圾的人，就會被貼上惡人的標籤。

知道此規矩與否，也是一種人性的證明。為什麼呢？因為人之所以為人，其中存在著一個根本的命題，即「雖然做為單獨個體生存，但同時也要兼顧整體和諧」。

每個單獨個體，需要主張自己的獨立性、個性。然而，那必須和整體之間和諧，並有利於整體的發展。

惡靈出現的原因，其實就在於此。自由與自由相剋的結果，即會產生扭曲之惡。懷著如此惡念而過活的人、生活於如此惡的基礎之上的人，便被叫做惡靈。

「人」，對於這靈性存在來說，「心中所想，即是此人的一切」。將責任推卸給環境或他人的心，便是惡的根源所在。

一個人正確的生活態度、更上進的生活態度，必須從「如何才能治理己心」為出發點。

無論採取何種生活態度，要改變週遭環境是很難的。然而，你卻可以改變自己的想法。

距今二千年以前，在以色列各各他（Golgotha）之丘，有三個人被處以殛刑。其中兩個人犯有強盜或殺人罪，剩下的一個是被冠有「猶太之王」的罪人，其罪名是「冒充猶太之王」，這就是聞名於世的耶穌基督。

客觀來看，儘管他們都同樣被綁在十字架上，但耶穌與其他罪人之間，其內心想法有著天壤之別！

不管身處怎樣的環境，要抱持何種心態，皆是自己的自主權。因此，要以何種心態生活下去就變得非常重要。

總而言之，惡靈出現的原因，就在於此人沒有好好地行使那被賦予的自由。

水果刀既可以削皮，也可以傷人。儘管刀身並沒有寫明「不能拿來傷人，只能用來削水果皮」，但行使判斷的，是人的良知。

人在行使那最富價值的「自由」時，其結果即會產生善及惡。然而，若是佛在人心當中事先建立了一個不會行惡的機制，那麼人就喪失了自由，也無法產生修行的食糧。

換言之，從更高的觀點來看，所謂的「惡」，是被用來當作鍛鍊靈魂的材料。

而所謂的惡靈，就是錯誤使用靈魂自由之人的可悲末路。

二、宗教靈

下面，想談一談惡靈的種類。

首先是「宗教靈」。所謂宗教靈，即是潛入錯誤的宗教當中，並附身於相信此教的各類人身上的靈。

現今，日本有許多宗教。據說，將世界各地的這些宗教信徒的數量全都加起來，其人口共有幾億人，超過了日本的總人口數。

就像這樣，有很多人都加入了某種宗教，在這些宗教裡，錯誤的團體也不在少數。在這些錯誤的團體中，「魔」便潛入教祖本人或其教義中，使聚集在此之人精神錯亂，這就是現狀。

在這類宗教中，棲居著大量的宗教靈，還是少惹為妙。

那麼，為什麼會產生宗教靈呢？

在地獄裡，有許多靈想要獲得拯救，他們一心只想：「無論如何都要減輕自己的痛苦或苦惱！無論怎樣都想擺脫這種痛苦或苦惱！不想要受苦！」

對他們來說，值得慶幸的是，只要到了錯誤的宗教團體裡，附身於此團體當中的人身上，此人便會被認定「你被惡靈附身，所以需要進行供養」，因此，每天便可得到祭拜和祈禱。

因此，在這樣的團體中大量聚集了「想要訴求自己存在」的宗教靈，這就是惡靈的「供給源」。在那之前好端端的人，一旦走進邪教之門，則被宗教靈附身而歸，許多人因此造成了家庭失和。

此外，還存在著那些所謂撒旦或魔王之類，特別惡質的惡靈。他們也想要擾亂正確的宗教，並且想要妨礙光明菩薩們的工作。為此，他們正虎視眈眈地窺伺作亂，企圖攪亂或分裂這樣的教團。

許多如此的撒旦，和宗教有著關聯。本來，宗教是非常崇高的，但是有時候會因為這些妨礙，而產生混亂。

總之，這些惡靈因為欲求不滿，所以想要透過某種形式來自我實現。而這種自我實現，其結果就是毀滅自己亦遺害他人。這可以說是做為人的最終末路，看見他人陷入痛苦而感到喜悅，這是做人最要不得的心態，而他們就是抱持如此心態而活。

人的心境有高低之分，最差的心境就是看見別人不幸而感到高興，並加以冷嘲熱諷，恨不得再踢上一腳，讓其更加不幸。這是最差的心境。

宗教靈總是很巧妙地潛藏於人心，他們附身於那些怨嘆不幸，一心想要擺脫不幸的人的身上，使這些人更加墮落，使其陷於更大的不幸之中，並為此而幸災樂禍。

然而，對他們我們也不能全面非難，為什麼呢？因為在人性當中，好比說觀看西部電影或歷史劇，看見殺人場景時，心中會感到爽快。在人性中，的確有時會藉由他人的不幸，來消解自己欲望沒有達成的心裡缺憾。

因此，重要的是要建立一個不受惡靈干擾的自己。此人的煩惱或迷惑，正是宗教靈會乘虛而入的間隙。許多人為了擺脫這種苦惱或迷惑，一昧地去那些盡是會拜拜的地方，宗教靈便大量地盤據於那裡。

靈性世界是「心念」的世界，是一個相似之人相吸引、相異之人互排斥的世界，各位必須要了解這個道理。

光明菩薩們與「黑暗帝王」們是相互排斥的。從黑暗帝王們看來，光的菩薩是惡；從光明菩薩們看來，黑暗帝王是惡。

然而，最終要看「誰站在佛的這一邊？」而與佛站在同一邊的證明，是和「幸福」一詞有關聯。

惡靈們一般皆是站在自我本位上追求幸福，只要自己幸福就好了。

然而，佛所喜歡的人們，則都是從「如何讓世界變得更加美好、如何才能讓人們過著幸福生活」的觀點出發，以追求幸福，各位必須知道其差別所在。

三、色情靈

以下說明何謂「色情靈」？

本章第一節，說明了惡靈就是錯誤使用自身自由的人，色情靈亦是如此。

人要怎麼想是其自由，既然佛把人分成了男女，男思女、女思男也情出自然。然而，這也會因思想的控制方法不同，而衍生出善或惡。

正如婚姻制度維持了男女規範一樣，在男女之間的性倫理當中，存在著排他性。這是因為佛非常期待男女共同組成家庭、建立家庭烏托邦，並且期望著男女能夠幸福。

然而，當男女僅是在肉體本能的驅使下，而為所欲為時，則會引起極大的反作用力。

本來，男女就持有「建設家庭烏托邦」的使命，但有時卻因肉欲、色欲，為形形色色的異性而動心，挺而走險。

為什麼說這是不被允許的呢？因為這種行為違背了「孕育家庭、共建烏托邦」的理想，與「建立烏托邦核心的家庭」背道而馳。

儘管有時情況較複雜，有著難以一概而論的一面，但重要的是那是因為愛對方，才想發洩性的衝動？或是完全談不上愛，只是在胡作非為？

這就是人和動物的差別所在。人之所以為人，就在於自己內在有著這樣的自律、有著內在的自覺。

佛給了人羞恥之心，請想想看，為什麼需要有羞恥心呢？尤其是女性的羞恥心特別強，這都是佛為了防止女性墮落而賜予的安全閥。

除此之外，不單是女性，男性也具有羞恥心。特別是青少年時期特別強，因為想到「若讓人知道很丟臉」，所以才會自律，不做不良的行為。

羞恥心能防止人的墮落，事實上，它是一種根源性的情感。這種情感作為靈魂屬性而存在著，由此可看出人是存在著一定的規範要求的。

總而言之，與色情有關的事情，為何沒有得到自由的允許呢？其原因就在於如此羞恥的情感，存在於靈魂的屬性之中。換言之，佛賜予了如此情感，此為頭等重要的理由。

那麼，為什麼要有男女之間的性行為呢？這是因為人有著非常脆弱的一面。

人在這個世界上生活，假使每天都枯燥無味，那麼這個世界就會變成「沙漠」一般，人們會厭倦疲憊。為此，佛給予了人一定的喜悅和快樂，那便是男女之間的性行為。它是佛作為慈悲所賜予的，這種行為是得到許可的。

然而，人若沉溺其中，就會喪失追求上進的心、喪失崇高的理

想，進而開始墮落。自古以來，對女性都有過許多禁錮，那是起因於那曾經使許多健全的青少年迷失方向。

做為人而轉生於世間，便無法否定對異性的關心和興趣，但是必須知道靈魂裡有著一定的調節機制。

違背如此靈魂的本性而為所欲為，最終都會受到其相應的反作用力，變為色情靈而在地獄裡備受煎熬。

淪為色情靈的人，為了發洩其欲望，會附身在世間之人身上，進而使他們迷惘，這是在聲色場所等地常常看到的現象。

一個在普通情況下，過著理性生活且色情靈無法靠近的人，若在下班後和同事們喝酒取樂，理性就會逐漸痲痺，而隨感覺行事。

之後，其中有些人便會想去紅燈區，當他們走在這些地方時，就會在色情靈的唆使下，一起同流合污、沉溺情海。

總而言之，因色情關係而煩惱纏身的人，肯定在理性方面有某種扭曲。若是理性成熟的人，絕不會發生這種事情。因此，理性非常重要，解決色情問題，培養健全的理性，是其方法之一。

四、動物靈

我想各位一定常常聽說過「動物靈」一詞，好比說蛇靈、狸靈和狐靈之類的。

的確，動物也是佛所創造的生物，其肉體中也宿有靈魂，也在進行著靈魂修行。因此，動物靈的存在，的確是一種事實。

那麼，動物靈死後，是否也有迷途於地獄的呢？也有，為什麼呢？因為即便是動物，也像人一樣，同樣有著喜怒哀樂的情感。

人們也許會想：「動物沒有心，所以不會思考。」然而，動物也會在某種範圍內思考。大部分的動物也有喜怒哀樂的情感。即使是微不足道的蟲子，也有某種程度的喜怒哀樂，也會去做喜歡的事情，也會見苦卻步，牠們也有喜悅和悲傷。

連蟲子都如此，何況更高等的動物，當然也有這種感情。牛、馬、豬、狗、貓等動物在長年的轉生中，由於在人類週遭生活，因此在某種程度上也明白一些人的想法。

在這樣的動物當中，有些動物也具備了與人相近的想法。只不過由於寄宿在動物的肉體之內，所以無法自由地表達那種想法，就像無法說話的人一樣。牠們因為有著動物的軀殼，所以無法表達那種情感。

就像這樣，動物靈的確是存在的。

那麼，真的有像過去人們常說的，有人曾被狐、狸或蛇附身的嗎？若說沒有，那是撒謊。狐、狸或蛇非常靈性，有著靈力，牠們在世間居住的歷史也很長，也進行過相當程度的輪迴轉生，所以可以說累積了許多靈性的力量。

動物的靈魂，也有某種程度的傾向性。好比說，蛇喜歡潮濕的場所，在地面上到處爬行，深受人們的厭惡。蛇之所以如此受人厭惡，其原因大概就在於其形狀古怪的外表和猙獰、殘忍、糾纏不休的特性。

蛇的靈魂中實際上是有著如此傾向的。靈魂自由發揮的結果，出現了如此傾向，進而化為蛇的外形而出現在世間。

而狐又是如何呢？傳說中常聽到狐假扮人的事情，狐真有這種傾向嗎？在西方國家，狐也常被當做非常狡猾的動物，果真如此嗎？或者說，在日本被當作「稻荷大明神」而受到祭祀的真面目是什麼呢？

在靈界當中被稱為「稻荷大明神」的，是諸天善神中負責指導、訓練動物的高級靈。動物靈也在進行各種學習，因此也需要老師的指導。

當然，在動物靈當中也有較優秀的靈魂，所以在人靈中，有人專門負責指導動物靈。這些人統整某些動物的種族，並研究要用何種方法才能使動物的集團進化。

就像這樣，在靈界當中有人負責指導這些動物靈，幫助這些動物們的靈性進化。

因此，稻荷大明神其實就是在六次元光明界上層階段中，高級靈的職稱之一。肩負那職責的人，並非僅是一個人，而是有好多位。

此外，作為狐而高度進化的靈，在靈界作為稻荷大明神的使者而行動。這樣的狐，以狐之姿，指導其他陷入迷途當中的狐。

然而，很遺憾地，若以靈視觀察日本各地的稻荷神社或稻荷大明神，即會發現有很多地方出現了很大的差錯。為什麼呢？因為那邊並非是祭祀著以守護動物為職責的神明。

稻荷信仰變成了所謂的世俗利益信仰，雖然人們在神社當中祈禱著家庭安全、考試合格、生意興隆等，但其中卻存在著極大的錯誤。稻荷大明神的職責是指導動物靈，並不負責保佑考試合格、成就姻緣、保佑健康等工作。

而且，當人們在貪念之下進行那樣的祈禱時，其欲念就會聚集於神社或廟宇。其結果，將會引來那些死後陷入迷途的動物靈，進而盤據於那裡。

動物與人不同，雖不懂什麼複雜的事，但卻有著「想要吃」、「想要變強一點」、「想活久一點」等等的基本欲望。牠們會因為感應到那些欲望，聚集而來。因此，牠們藉由「吃」人們的欲望，來發洩自己心中的痛苦。

此外，就像狐想吃炸豆皮的故事一樣，迷惘中的動物靈很多都飢餓難忍，因此，想透過得到供養品，來解消自己的飢餓感。

然而，不管得到多少供養品，由於並不能實際吃進嘴裡，反而會使飢餓感倍增。

因此，當無法得到滿足的欲望終於爆發出來時，便會於人群中作怪。譬如，附身在提供供養品的人身上，使其產生風濕病、肩膀痠痛或偏頭痛等。

此外，還有其他與這種純粹的動物靈不同的動物靈。

在靈界的地獄中，有個畜生道、動物界的地方。因為靈界是心念的世界，所以在那裡自己會呈現出自己所思所想的樣子。

譬如，心地非常殘忍、猙獰且執念很深的人，其身姿就會逐漸變成像蛇一樣。這是因為其心念表現於外。此外，欺騙他人、只顧自己利益的自私者，其外表將漸漸變為與狐一樣。

就像這樣，幾百年來都是呈現蛇或狐一樣身姿的人，有時就會真以為自己就是蛇或狐。於是，盤據在稻荷神社等處，附身於來此地之人的身上，嚷叫著「我就是稻荷大明神」等，迷惑人們。儘管他自己沒有發覺，但有些動物靈其實是人靈，他們為了獲得供養，就假裝成稻荷大明神。像這種動物靈其實為數不少。

這些人長年採取動物的外貌，漸漸地其心染上了動物的意識。然而，當此人內心的痛苦消失，亦即地獄性的心念消失時，有一條路可讓此人感到心安，那即是靈魂退化之路。

換句話說，有時人的靈魂會寄宿在動物身上，雖然這是非常少見的例子。其結果就是，例如，有些狗非常有人的情感，或者是像有些動物非常親近人等。

然而，這是屬於靈性的退化現象，僅是一時的事情。從長遠的角度來看，他們還是會進化的。因為一旦經歷過動物的屬性，便可從不同的角度體會到人的尊嚴所在。

這就像在公司上班時，具有部長或經理等頭銜的人，離開公司後變成一個普通的常人，就會深深地體會到，過去那自以為「公司都是靠自己」的想法，其實並非是那麼一回事。

或者是，過去自傲於自己是某某政府部門的部長，下台之後才發現自己其實沒什麼力量，進而領略到「官職並不等於自己」。

那麼，純粹的動物靈與人變為動物外形的動物靈，這兩者之間有什麼不同呢？

簡而言之，後者忘記了作為人的尊嚴，沒有高度地發揮自由提昇自己，可以說那是放棄那崇高可能性之人的末路。或者可以說，他們是在追求人類尊嚴和高度自由的過程中，尚未發達的靈魂。

五、怨恨靈

最後，將論述何謂「怨恨靈」。這是一些與各種怨恨、憎恨有關的靈。

常有人說：「人抱持著何種心念而死去很重要。」實際上此話不假。也有人說，若是抱持著憎恨之心而死去，死後會變成鬼附身在他人身上，引起許多不幸，這也是事實。

這樣的事情，並不侷限於死人之靈，也有被稱作「生靈」的。即使是活著的人，當此人對某人非常厭惡、仇恨時，這種心念將整日整夜地傳給對方。其結果，因受到這種心念波的影響，被厭惡和仇恨的人，也會變得非常痛苦，渾身感到疲乏，因此而生病。

所以，在沒有什麼特別的肉體原因之下，總是感到身體不適，或不知為何總有許多不幸時，就必要檢視一下「自己是否正被死去之人的靈所怨恨？」又或者「在活人當中，是否有著非常恨自己的人？」

如果發現有怨恨自己而死的人時，請試著實踐以下事項。

第一、每天學習佛法真理，並依循佛法而生活。

第二、若是自己在過去曾對此人做過什麼不好的事，對此要深深的反省。

第三、直接對此人傳達自己的覺悟。告訴此人懷著仇恨徘徊於靈界，是件不好的事，是一件非常嚴重之罪。

傳達的方法，就是在心中告訴他們。藉由自身的覺悟，便可將此心念傳達給死者。

此外，所謂的生靈，亦即活人的各種怨恨的意念也很令人傷腦筋，從某種意義上說，有時其力量比亡靈更強大。

「就是因為那個人，才妨礙了我的晉升」、「因為上了那個人

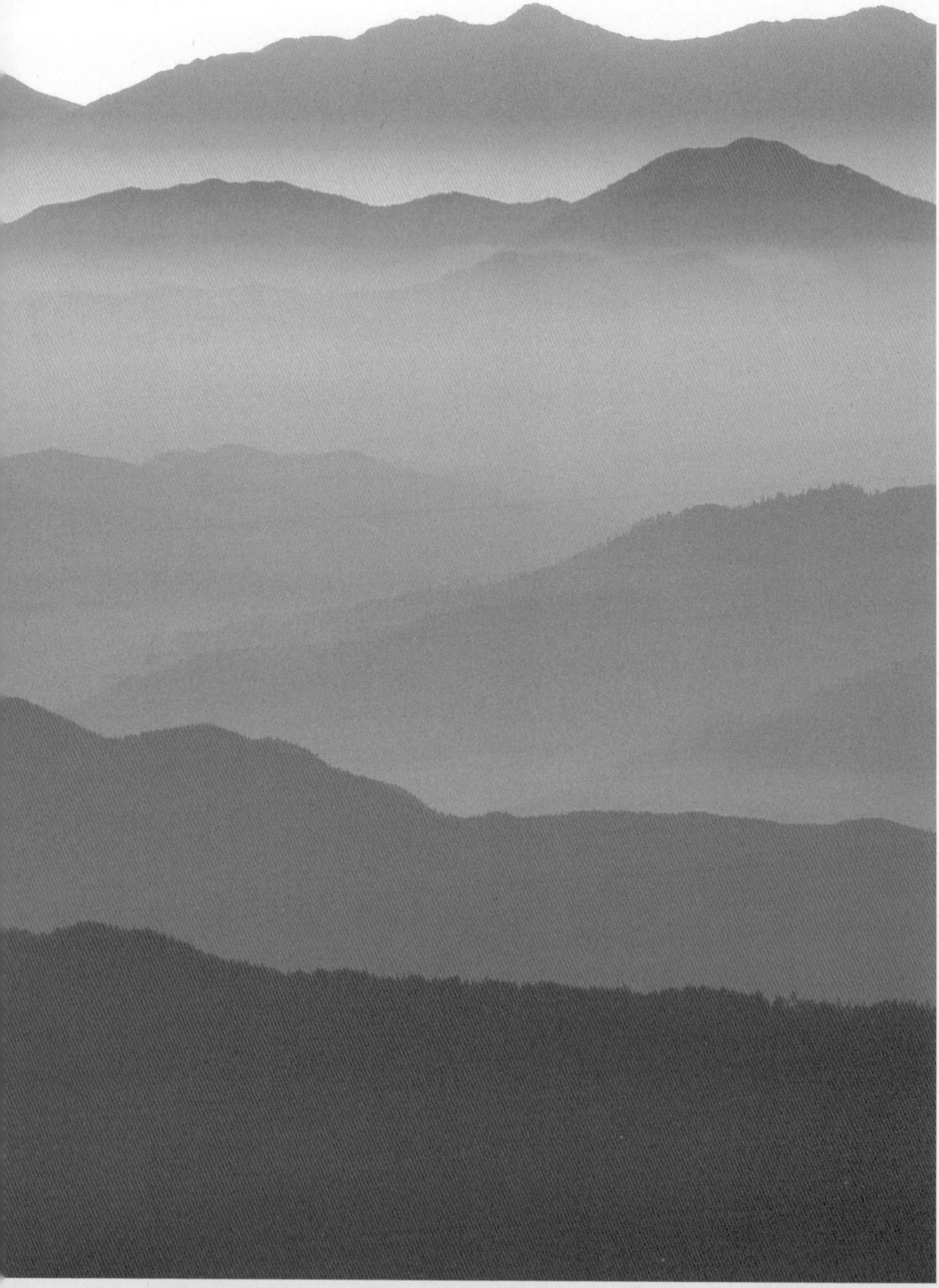

的當，自己才會有如此下場」、「由於那個人的背叛，才使婚姻失敗」、「自己想要結為伴侶的人，被那個人搶走了！」受眾多如此怨恨的人，要想獲得成功、幸福的可能性不太大。

解除怨恨和仇恨的方法之一，就是反省。若想到有人在恨自己時，應該靜靜地回顧招惹忌恨的緣由，並進行反省。若確實是因自己的欲望、私欲而遭人怨恨時，應直接向此人賠禮道歉，或者在內心裡祈求原諒。

其中，也有著純屬誤會而引起的怨恨。此種情況下，若能對誤會的原因進行說明，當然更好，若是完全沒有機會向對方解釋的話，則應該在內心好好地和對方和解。或者，透過自己的守護靈或指導靈，請求對方守護靈的幫助。

就像這樣，透過回顧自身而反省的結果，若發現原因出於自己，則必須加以改正。此外，即使原因不在自己身上，也不應該抱持責怪對方的心情。並且，若是對方有值得褒獎之處時，應該加以讚美，將對方稍微朝好的方向看。

遭人怨恨時，我們眼中的對方肯定盡是缺點。但不應該這樣看待對方。我們若看到對方一個缺點，則應該再從他身上尋找一個優點。或者說，若看見了三個缺點，則應該找出三個值得讚美之處，如此思考方式非常重要。

眼前之人的心是一面鏡子，當自己的心改變了，對方的心亦會自然改變。

遭到對方憎恨時，不管是恨人的一方或遭人恨的一方，不是對對方的評價不高，要不就是藐視對方，肯定不出其中一種。

因此，若是發現自己有錯，應該坦率地對此表示歉意，或者是找出對方的優點，對此讚美，或表示感謝，這是很重要的。

這就是去除活人或亡者的怨恨靈、怨念靈的方法。

遭人怨恨時，沒有人會感到心情愉快，或因此而嶄露頭角，所以應盡可能避免遭人忌恨；為此應該每日抱持謙虛、感謝之心而過。

若並未傷害對方，而遭人怨恨時，大多是因為自己喜歡獨占，或想要炫耀些什麼。那種想要誇示些什麼，或者是太過於想要炫耀些什麼的樣子，就是遭人嫉妒、怨恨的原因所在。

當自己說老是有遭人嫉妒、怨恨的傾向時，那就表示自己還不夠謙虛，還不夠虛懷若谷，此時應該好好思索一下：「怎樣才能虛心處事待人呢？」

以上講述了惡靈諸相，這所有皆是在每個人的心中可能發生的事情。若是自己的心中出現了與這種惡靈相同的樣子，應該馬上「止觀」，換言之，應該將心停下來進行反省。並且，坦率地向佛懺悔錯誤之處，並不再犯相同的錯誤。

如此，一邊經常修正自己的錯誤，一邊以清靜之心提升自己，從中即可看到一個活於佛法真理之人的真實樣貌。

第五章

與惡靈的對決

一、充實靈性知識

在本章中，將闡述如何與惡靈對決，如何解決起因於惡靈的迷惑或附身等問題。

首先的問題是，人們未具備正確的靈性知識前，不知道惡靈的真面目以及與其對抗的對策。

關於肉體的疾病，醫生可以開立處方箋，給我們藥品或進行手術。然而，關於「心」的問題，卻很難找到開出處方箋的人來。

因此，關於心的痛苦，每個人只好擔任自己的主治醫生，隨意開立處方。其結果就是產生各種問題，這就是人間的現狀。

本來，宗教家作為「心的醫生」，必須站在為心的疾病開立處方的立場上。然而，現在卻出現了大量的「缺德醫生」，致使社會進入一個無法充分治療心靈的時代。

在此，我們必須重新認識正確的靈性知識，藉此，精神醫學、心靈醫學方能得到進化。

在醫學當中，成為臨床治療前提的基礎理論相當深厚，正是因為有了此部分，才能對各種各樣的患者進行治療。然而，在心的世界裡，這方面的基礎理論還不夠充分，因此這是一個大問題。

如今，形形色色的宗教競相聲稱：「只有自己說的才是正確的。」對於一般的人而言，問題則停留於「到底要相信哪一個？」

這不像醫學，曾有人做過整體、大量的研究，所以，到底哪一個最有效呢？

醫學大致上分為西洋醫學和東洋醫學，兩方面都在分別探索效果、效能，然而，在心的世界裡，卻搞不清哪種處方或治療方法，能夠得到何種程度的療效？儘管有主觀的判斷標準，但卻缺乏客觀依據，這即是問題所在。

因此，與惡靈對抗之時，充實靈性知識是非常重要的。

首要的即是要了解惡靈的真面目，必須知道「惡靈並非一種籠統的概念，自己本身也有變為惡靈的可能性。惡靈就是患有心靈疾病的靈魂」。

換言之，即便是本書的讀者，若是在患有心靈疾病的狀態下回到靈界，也都有變成惡靈的可能性。

那麼，所謂患有心病，到底是怎麼一回事呢？至少可以說，那是一種未充滿幸福感的狀態。大多數的情形，都是有著某種煩惱，而且還是負面的煩惱。

人有時會陷於一種否定自己，或者是否定他人的意念之中，當處於這兩極端時，會出現許多不知足的欲望、抱怨、不平不滿、猜疑心、欲求不滿、自卑感、自我顯示欲等煩惱。

那就好像被關在小小玻璃箱中，四面碰壁的蒼蠅一樣。蒼蠅不知道自己已被關在玻璃箱中，在箱中到處碰壁亂飛；可以說，處於苦惱當中的人，就是這個樣子。

因此，試想「自己是否會變成惡靈？」如此觀點是非常重要的。人生陷入不幸時，儘管有可能被說是「因為有靈在作祟」、「因為祖先正陷入迷途」等等，但是必須知道自己也有陷入迷途的可能性。

在貫穿世間與靈界的法則當中，有一個「同類相吸」的法則。惡靈之所以會靠近而來，是有其理由的，是因為此人心中有著引來惡靈的想法。

被何種惡靈附身、被何種惡靈騷擾，其實是在教導此人心中存有何種的偏差。從這個意義上說，惡靈可以說是一位家庭教師。

若此人被惡靈附身，便可以說此人生活得並不心安、心中並不安穩、生活並不平和、活得並不幸福。被惡靈附身，證明了自己的心尚未覺悟。

為了進入覺悟之道，不要想藉由他力剷除惡靈，而應該要檢視己心，從心中趕走惡靈，清除掉那惡靈的能量來源。

正如「己心之魔」一詞，因為心中有魔，所以引來了外在的魔。總而言之，雖然說是與惡靈對決，但與其說是與外在的惡靈對決，還不如說是與己心對決。

若是己心開朗、清爽、沒有執著、充滿光明，那麼惡靈就無法棲息於此人心中，亦無法靠近而來。

因此，必須及早思索：「如何才能恢復晴空一般的心境？」否則的話，老是磨磨蹭蹭、猶豫不決的話，己心將永無清爽之日。

喚來惡靈之心的狀態，就好比天空中佈滿烏雲一般。即使烏雲之上陽光燦爛，但若烏雲不散，陽光就無法照射下來。心也是一樣，若是烏雲密布，便會遮擋住佛光。

首先，必須要清除烏雲。為此應該認真想一想：「自己心中，到底有什麼樣的烏雲？」透過深思，便會找到對應的措施。

所謂心中的煩惱，一言以蔽之，就是「總是在想著某件事，心中總是朝著某個方向動」。人無法同時為兩件事煩惱，即使看起來好像有許多煩惱，但其實大多數根源只有一個。

最關鍵的煩惱、最核心的煩惱就只有那一個。最核心的煩惱，總的來說，就是讓此人的人生受創最深的煩惱；對此，必須要從正面加以解決。

正在危害自己的就是那某一個想法，或某一個想像。「某某人正使自己痛苦」，就是這一個想法、這個想像，自己就是因此而煩惱。

此外，也有人是因他人的話語而煩惱。即便是聽相同的話語，有的人聽了毫不在意，但有的人卻因此痛苦了五年、十年。

這是因為哪裡出了問題呢？對此將在下一節深入闡述。

二、自我確信

即使遭遇到相同的外來狀況，對應的方法卻會因人而異。

譬如，即便是被他人講了相同的惡言，對此惡言的反應，每個人皆不相同。有的人是完全當耳邊風，完全不往心裡去；而有的人，就像是被一把尖刀直插心底，永遠無法自拔，痛苦不堪。

此外，受到他人批評時，有的人能夠謙虛地反省，若發現自己有錯則修正，若自己沒有錯則聽聽就好。

就像這樣，世間有各種類型的人，但人生的關鍵就在於：自己如何看待外界的現象、如何應付外在的事物。

在此，我想提出一個重要的觀點，就是「自我確信」。所謂自我確信，並不是自信過頭、驕傲自滿，而是一種認為「自己並非毫無用處」的難以言喻的自信。

人在痛苦或悲傷的當頭，總會變得悲觀失落，並會悶悶不樂地自認為「原來自己是這樣可惡的惡人、罪人！」然而，若是此時用另一種更清晰之角度來看待自己，就會發現「自己並非那麼一無是處」。

回顧至今幾十年的人生，便一定會發現自己哪裡不好、哪裡不對。然而，自己也一定並非是毫無用處吧！那就是一種「自己也被佛關愛」的感受，也是一種「自己對某人也是有用」的確信。

所謂的自信，是由小小的確信逐漸累積起來的。每天一點點地透過各種事情自我確認，找出那個對他人有用的自己，這是很重要的，否則就無法找到真正的自我確信。

水面上漂浮的水鳥，因其羽毛表面有油脂，所以可防止水的滲入。自我確信就相當於水鳥羽毛上防水油脂的部分。換言之，不管遇到什麼樣的不幸，那種自我確信將成為一種避免外力傷到自己內心深處的油脂。

舉例來說，假使遇到了父母親或兄弟姊妹過世，因此事而會受到多大程度的打擊，將因人而異。

有的人悲痛欲絕長達十年之久，有的人一夜白髮，或者是一病不起。然而，也有人平靜如常。

在那樣的時刻，除了對亡者過去的關愛充分表達感謝之外，也同時要想到：「從現在開始自己要獨立生活下去了。」

從結論來說，「從根本上相信佛」是很重要的。

「如果這個世界是佛所創造的，那麼看來令人悲傷的事物，就必定有其用處和意義的。佛是絕對不會想要徹底傷害我的。」「親人過世了，難道我不能變得更加堅強嗎？」「儘管被好友背叛了，難道我不會遇到更好的人嗎？」「雖然與戀人分手了，但不久之後就必定會出現更適合我的人！」

應該試著這麼想一想。

重要的是在不斷消逝的時光中，一面珍惜自己，一面累積力量。不要苦苦掙扎，沉溺於悲傷，而應該磨練自身。

此時最重要的是「對佛的信仰」和「對佛的愛」。在最煩惱的時刻，請試著思索一下：「自己有愛佛之心嗎？」絕大部分的人，都變成「自愛」的俘虜。自己拼命地想「自己是多麼可憐啊！」希望能得到他人的同情，但誰也沒有發出同情之聲。這一點即是問題的關鍵所在。

此時請試著敞開雙手、仰望藍天。陷入煩惱當中之人、被惡靈所俘虜之人，大概都是縮成一團、背對陽光，僅是盯著自己小小的身影。如此一來，不管經過多久，都不可能看見光明。

此時應該馬上站起身來，面對太陽、大大地敞開雙手，這就是

「對佛的愛」。

不要只盯著小小的自己，應該回首朝向佛，滿懷感謝之情。試著想一想「自己被賦予了多偉大的愛啊！即使看起來是不幸之事，但在時間的大河中，其實並沒有什麼了不起，反倒是能成為精神提升的食糧啊！」

不管承受怎樣的考驗，只要不忘記從中學習教訓，便能夠成為出色的人物。

若有不屈不撓的心，那些看起來困難重重之事，也只會使自己強壯，而不會使自己毀滅。對於具有不屈不撓和獨立精神的人來說，困難絕對不會讓自己一蹶不振。

總之，不管遇到何種逆境，重要的是要考慮到「這是冶煉自己的鐵錘」。

三、反省

以下，想論述有關「反省」之事。

與惡靈的對決，若略去反省，則有些事情將無從談起。反省，看起來雖是消極的方法，但卻是一種厲害的對決手段。

這一點，從被惡靈附身的言行當中，便可看得一清二楚，他們共通的口頭禪就是「自己絕對沒有責任」。

「制度不好」、「公司不好」、「那個人害了我」、「生在這樣的家庭真是不幸」、「生在鄉下真是倒楣」、「家人和親戚不好」、「只怪父母沒有把我生得再高一點」。

就像這樣，把責任往外推，就是惡靈的典型姿態。希望有如此傾向的人，能好好想一想：「自己是否被惡靈附身了？或者是惡靈的候補者？」

「當出現了想把不幸的原因轉嫁給他人的想法時，自己就會淪為惡靈的俘虜。」對此不可不知。

此時最重要的即是反省，反省即是「回顧檢視自己」。當興起責怪他人之心時，回頭看看自己是很重要的動作。

那麼，要如何反觀自己呢？

首先，應試著思索一下：「與他人產生不和的原因，不僅是對方有問題，是不是自己本身也有問題呢？」

若是發現自己本身也有不對的地方，應該就此直接向對方表示道歉，或者在心中賠不是。並且還要祈求佛的原諒，並決心不再犯同樣的錯誤。

赤裸出生於世間的嬰兒，儘管對於世間之事一無所知，但隨著年齡的成長，會逐漸累積經驗。過程中儘管會犯下各種錯誤，但是從這些錯誤當中，能夠吸取怎樣的教訓，才是關鍵所在。因此，持之以恆的學習態度是很重要的。

而學習的方法之一，即是反省。人生會有許多新的經驗，其中若是覺得自己犯錯了，就必須要回過頭來看看自己。

反省的方法中，傳統上有所謂的「八正道」。

八正道之中，首先有「正見」、「正確地看」（正確的見解）。這即是「自己對他人的看法是否正確？對自己本身的看法是否正確？是否從第三者的眼光來看待了呢？」等等。

人往往容易對他人或自己產生獨斷和偏見，有時會想「那個人家境不好，才會變成這樣」、「那個人是單親，所以才會有那種心態」、「那個人很窮，所以一定有自卑感」、「有錢人舉止傲慢，總是剝削窮人」、「有名的人就是這副德性」等等。

就像這樣，人們容易不分青紅皂白地對他人品頭論足。「宗教家應該如此」、「運動選手應該那樣」等等，很多人把這種自以為「本來就應該如此」的想法，簡單地套用在各種人的身上。

然而，立足於各個領域當中的人，實際上也是形形色色的。所以要了解每一個人的想法，並非是一朝一夕就能明白的。

女職員有女職員的煩惱，新進職員有新進職員的煩惱，此外中階主管也有其特有的煩惱，人人都有著各自的煩惱。

正確地觀察他人，不是一件容易的事情，或許耗費一生也無法辦到。但絕不可忘記「自己雖然是這麼評判此人，但或許他人對此人還有別的看法或評價」。

對自己來說，也是如此。各位或許自以為「自己是這樣的人」，但還是必須要保留餘地，或許從別的角度來看，會有不同的看法。

其次是「正語」、「正確地說」。

與惡靈對決時，最重要的就是這「正語」的實踐。若被惡靈附身，其影響將首先從話語上表現出來。盡是說人壞話、發牢騷、心中憤懣不平的人，很容易被惡靈附身。

當要講出那樣的話語時，必須思考為什麼要講那樣的話？之後，要努力講出好的話語。在如此努力的過程中，美好人生之道即會展開。

此外，八正道中還有「正精進」、「在正確之路上精進」。惡靈總是在想：「總之要讓人墮落，要讓人們品嚐和自己一樣的痛苦。」因此，他們對懷著向上心，努力上進的人感到非常棘手。

不過仍有一些持有上進心，卻依舊被惡靈迷惑的人。那些即是容易驕傲自滿之人、懷有自我表現欲的人、總是想到自己如何又如何的人，惡靈能夠迷惑到這類人。

然而，對於那些能謙虛看待自己、不斷精進之人，惡靈將無可奈何、一籌莫展。

取得柔道段數或劍道段數的人，都懂得禮貌，知道如何待人。有力量之人，反倒是待人和藹可親。這些人不會想「因為自己是劍道六段，於是就想用棍子敲人腦袋」、「因為自己是柔道五段，所以見人就想摔摔看」。

但是，像流氓一樣的人，或者是素行不良的學生，就喜歡胡作非為，或者動輒就打人。那麼，如此施展暴力的學生，是不是就真的會擅長體育競賽呢？其實不然，那是因為他們缺乏正精進的態度。

若想真正地顯示自己的強壯，可以於柔道、劍道、空手道當中表現，但他們卻不那麼做。另一方面，正式參與此類運動的人，待人處事卻是溫文爾雅。

這就是惡靈與非惡靈之間的差別所在。在正確之路上精進，會推動人向上，且不可思議地，此人不會興起害人之心。

八正道中另一個重要的內容是「正念」。

反省中不可缺少的是控制意念這一關。這是指去檢視自己一天之中，究竟是抱持著何種意念？這個意念就是自己的本來面目。

聖人與凡人的差別，就在於這個意念。一天之中，聖人與凡人所考慮的事情是大相徑庭的；高級靈與惡靈之間也是如此。他們從較高的境地，從更廣、更深、更全面的視點來看待事物，心中總是在惦記著：「要如何才能引導更多的人？」

然而，凡人卻是以「只要自己好就好」的觀點來看待事物，其想法與聖人有著天壤之別。

在待人接物的方式上也是一樣。到底是因為想要幫助他人而接近他人？還是想害人而靠攏他人？這存在著天差地別的不同。

總而言之，總是想要讓更多的人獲得幸福的人，可以說即是世界上最偉大的人。

「一生之中，自己到底打從心底希望多少人能夠幸福？為此自己又付諸了多少實踐？」這個想法當中，存在著人應有的生活態度。

因此，希望各位每天一次，對於自己做為人的「心念」予以檢視。

此外，八正道中還有「正思」。

正思中的「思」，是指在心中來來去去的想法。各位必須要去掌握，自己一天當中遇到各種各樣的事情時，心中所出現的想法，並且對其進行管理。

正念的「念」，具備著「今後該要怎麼做」的方向性。在正念的反省中，必須努力地不讓自己心念的方向出錯，努力讓自己的方向朝向佛。

如此，透過反省，人將會發現一個不偏頗的自己，那也是一個沒有變形的自己、沒有凸凹不平的自己、研磨地非常光亮的自己。透過反省，惡靈乘虛而入的縫隙將消失殆盡。

惡靈總是攻擊人最薄弱的地方，這就是惡靈的特徵。他們專揀選人心黑暗的部分、心痛的部分、突出在外的部分進行重點攻擊，所以重要的是不要製造出這樣的部分。

從這層意義上說，反省可以說是對惡靈的最大防禦。然而，反省不僅是對惡靈最大的防禦，同時也是對惡靈最大的攻擊。因為在防禦過程中所發出的意念，是惡靈們不喜歡的意念。

就像蚊子不想要靠近蚊香一樣，惡靈是不想靠近正在反省之人的。惡靈好比蚊子一類的東西，若發現蚊子到處亂飛、亂叮人的話，應該像拿出蚊香一樣，拿出惡靈最討厭的東西來。

總之，惡靈最討厭的就是正確的人生態度，為了恢復正確的人生態度，就應該進行反省。藉此，可讓惡靈無法靠近。

四、光明思想

做為與惡靈對抗的方法，以下將論述「光明思想」。

當接觸到宗教之事時，有時靈性會變得敏感，或者是受到許多靈的妨礙。讓惡靈靠近時，有時身體狀況會變差，或者是感到頭昏腦脹。

此時，還有一個重要的對應方法，那就是持有光明思想，這是憑藉光明打破黑暗的思考方法。雖然很難消滅黑暗，但只要努力增加光度，黑暗自然就會消失。

光明思想的思考方法即是：「儘管無法在漆黑的房間裡消滅黑

暗，但若是打開燈，黑暗即會消失」、「點燃一根蠟燭，若是週遭依舊漆黑，那麼就持續點亮兩根、三根……的蠟燭。」

當夜間巷弄內頻頻發生搶案時，常常採用的對策即是增加路燈，使道路更加明亮，光明思想也與此相同。在明亮的道路上，小偷就難以出沒。

持有開朗的思想、光明的人生態度，就能夠避免壞事靠近。如此效果已在許多人的實際人生當中獲得驗證。

一個是笑容滿面的人，一個是愁眉苦臉的人，各位對哪一個人會感到親切？笑容滿面的人或許並不漂亮，但不管是何種長相的人，只要面帶笑容，看起來便很美。做為一種慈悲的外表，人們被賦予了笑容。

見到開朗的人，會有人說討厭的嗎？「那個人太開朗了，真讓人討厭！」會這麼說的人，很有可能被惡靈附身了。若是一般的人，見到開朗的人，會感到心情愉快、清爽。

就像這樣，和惡靈對抗時還有另一種方法就是「藉由增加光的強度，將惡靈驅散」。不去試圖清除或降服惡靈，而是增加己心光的強度，換言之就是讓己心開朗，藉由讓己心發光，進而驅散掉惡靈。

如同「己心之魔」一詞，自己心中也有著引來惡靈的黑暗部分，首先應將此部分清除乾淨。

如此黑暗部分，大多數是不安或不滿的情緒。對未來的不安、對過去的不滿，其結果即是構成了招來惡靈的原因。

然而，難道過去總是遇到那麼糟糕的事嗎？過去雖然有各種各樣的煩惱，但每一次不都是以各種方式渡過了嗎？

回首自己的過去，覺得失敗總是不斷的人，此人在看待事情上，必定在某處出現了偏見。或許的確出現過失敗，但一生當中絕非總是失敗。

因此，那不是事實本身的問題，而是如何評價的問題。自己對於自己的評價，老是用黑色的蠟筆塗滿，難道不是這樣嗎？

光明思想即是把這黑色評價，轉變為金色評價的方法之一。即便過去有許多悲傷、痛苦，但是自己從中學習到多少的教訓？吸取多少有價值的經驗？這些其實都是讓自己的人生，散發光芒極其珍貴的材料。

從失敗當中，人可以從中得到許多學習。據說愛迪生在發明電燈泡之前，曾經失敗過幾百次。但是，對於持有光明思想的他看來，那些皆不是失敗，只不過證明「這個方法不能成功」而已。世上亦有人持有如此的想法。

因此，不能簡單地把失敗看作是失敗。「這麼做就會產生如此的結果，所以之後不能再採取如此的方法。」應該將失敗當成是一種學習，當日後出現相同的選項時，就不要再選錯誤的路走就好了。

自己的過去，並非是束縛著自己的不祥之物，而是能讓自己提升的材料。「依照自己過去的經驗，日後只要避免這麼做，自己就能夠幸福。」只要能這麼想，自己的過去即是自己的集大成。若能這麼想，過去的經驗亦會變成一片美好。

此外，對於未來也要有自信不管發生什麼事，自己終將能夠克服。

不幸感受很強烈的人，老在擔憂「未來是否要倒霉」的人，歸根究柢僅是自我關心過頭罷了。如此「可憐自己」的心情，將會轉變為「只要先預想發生了最糟糕的事態，應該就不會發生更壞的情形了吧」的心境，但這只會把自己引導到更不幸的方向。

請不要抱持如此想法，而是應該要想「昨天我闖過來了，今天應該也會安全克服，明天也是一樣！」

即便明天會天崩地裂，但因此而憂心忡忡，到底會有什麼樣的好處呢？相信明天一定是美好的而生活，這是比什麼都重要的。

還有另一個重要的觀點，那即是「心念的實現」。

人的心念終將實現，抱持著積極、建設性心念的人，週遭就會出現那種現象。反之，抱持著消極、否定心念的人，週遭亦會出現那幅景象。

從這一點來看，現今流行的自我實現的方法，應該給予相當大的評價。因為藉由經常在己心播下積極、建設性的種子，便會開啟光明的未來，如此的事實是存在的。

在這層意義上，我希望更多的人能正確地自我實現，藉由發現自己未來光明閃耀的樣子，進而實現美好的自己。

總而言之，成為一個具備優秀人格的人，影響眾人並引導他們，這對於人來說，應該是最偉大的自我實現。抱持著勇氣，行走在這條大道上是很重要的。

缺乏積極的想法，被灰暗否定的感情所俘虜，是絕對不會幸福的。希望各位能夠重視做為幸福基礎的「光明思想」，以及其方法論的「自我實現」。

五、埋頭於工作

在本章「與惡靈的對抗」的最後，我想談談「埋頭於工作之中」的話題。

為靈性問題而苦惱之人，歸根究柢是心中出現了空隙。心有空隙時，惡靈便會乘隙而入。若是陷於煩惱和痛苦中，每天悶悶不樂，惡靈便會藉機附身。

為了使心沒有空隙，就有必要讓自己埋頭於傾注心力之事，應該要埋首於對自己來說最有價值的工作中。

此外，在遭受惡靈的影響時，不要過分考慮惡靈之事，這也很重要。應該全心完成自己眼前必須要做的事情、自己手上的工作。

說什麼自己正被惡靈干擾，那是不成理由的。那就好比自己因他人的話語，而遭受傷害一樣，那是無法構成任何藉口的。對方要講什麼話，那是對方的自由，然而自己要如何去聽那些話，則是自己的自由，所以不可將責任歸咎於他人或環境。

不應該歸咎於黑暗的意念或悲觀的情緒，而應埋頭於工作，這是很重要的。若有時間去煩惱，還不如向前邁進，哪怕是一步、兩步。

人的心是無法同時思考兩件事情的，因此當煩惱佔據了己心時，就應該埋頭於工作之中。

譬如，每天都想些新的點子，每天都針對自己的工作，思索能不能做得更好？不斷向上的人，終究會成為一個偉大的成功者。

因此，請試著想想：「自己的工作是否在墨守成規？因循守舊？能否找到更好的方法？能不能給自己創造更多的時間？是否能將時間用於更有意義的事情上？」

就像這樣，陷入煩惱、痛苦之時，應埋頭於工作之中。在忙碌、繁瑣之中，潛藏著解決煩惱之路。

比方說，假設自己的工作受到某些人的無情批判，此時若憤慨不平，其實是毫無益處的。何不轉個念頭：「我要以此為契機，進一步將工作做好。遭受批判，就說明了自己的工作還做得不夠充分，必須要累積更多的實力。」如此一來，愈是遭到批判，工作就愈做愈好，這是非常值得感謝的事情。

當工作受到別人的褒獎時，心情會很好，工作也會愈做愈好。反過來，即便受到別人的批判，或聽見他人的壞話，也要想到「這是因為自己努力不夠」，因而要謙虛地、孜孜不倦地努力。

像這樣不管遇到什麼樣的事情，都向前邁進的人，佛必會為此人開啟前方之路，世間之人亦會為此人敞開前方之道。

當人看見青蛙不管失敗多少次，仍舊不停地跳上柳樹葉的情景時，難道不會感動嗎？何況是看見一個不管受到怎麼樣的批判或非難，依然懷著信念向前邁進的人，難道會無動於衷嗎？

各位有時也許會成為煩惱和不安的俘虜，此時應該鼓足幹勁，貫徹自己的信念。

為了在與惡靈對抗中獲勝，最後講到了「埋頭於工作」、「度過繁忙的每一天」的方法，對此大家切記不可忘記。

煩惱很多的人，請試著增加工作的時間，或加入新的工作。若是家庭主婦，不要單單只是做家庭主婦的工作，亦應該去試著學習某種事物，將時間用在更有創造性的事物上。

總之，將心思用在更有生產性、建設性的事物，這是與惡靈對抗時，克服惡靈，創造一個更美好自己的方法。

終有一天，你會發現「惡靈的存在，其實是磨練自身靈魂的老師」。我希望各位能培養出一個光明、有建設性、爽朗的人生觀。

第六章

不動心

一、佛子的自覺

在最後一章，我想論述的正是本書書名的「不動心」。

不動心即是指「不動搖的心」，佛教自古以來都非常重視「不動心」。為什麼呢？因為大部分的人，生命充滿痛苦和迷惘，可以說皆起因於內心的動搖不定。「如何才能培養出一顆不動搖的心」，這曾是佛教修行者們的課題。

不僅是佛教修行者，觀察一下自己身旁之人，或者是在各種場合所遇到的人，若是一個具有不動心之人，是會令人感到非常的安詳自在，也會感到很堅強、很可靠。

不管遇到何種困難都能克服的姿態，以及不動搖的信念，這些都是與指導者的器量密不可分的。指導者之所以能成為指導者，那是他不會因為遭遇到小小的風浪就內心動搖，並且具備著能夠正面解決問題的力量，其根源就在於不動心。

有的人雖然口頭上說自己有信心，但卻因稍微犯一點錯而受到指責時，或遇到一點麻煩時，自信便頓時煙消雲散，這種人不在少數。對這樣的人來說，重要的是要練就一顆真正的不動心。

為了練就一顆真正的不動心，絕對必要的前提是「佛子的自覺」。缺少這種自覺，即使有不動心，也會像是牆上蘆葦根底淺。

心之所以不動搖，那是因為此人自覺於「己心根部與佛是相連的」。若沒有如此的自覺，人生就像漂浮在波浪之間的樹葉，只會不安地隨波逐流。

有了佛子的自覺時，就像是船隻在海上拋下了錨一樣，具有安定感。在海中拋下堅固的錨，因其重量使之有安定感，船隻才不會隨波飄流。

在人生中相當於這個錨的，就是「自己與佛相連」的佛子的自覺。若能夠堅守住這一點，即能衝破人生的風浪、難關。

然而，如果此部分不夠堅定，自認為「自己正受到命運的捉弄，自己好比是命運之河中漂浮的樹葉」，那也是無可奈何的。這樣的想法終將變成「別人和環境正在害自己」、「悲劇的未來正等

待著自己」的悲觀情緒。

到底是選擇過這種自我暗示的不幸人生？還是選擇過另一種充滿力量的積極人生？這與「自己是如何想的？」密切相關。

牢牢抓住了佛子的自覺、佛子之本質的人，真的是很堅強的。此外，在徹底的考驗中掌握到自信的人，也是非常強韌的。

常言道：「了解自己的能耐很重要」、「知道自己在體力或能力上，到底能夠堅持到何種程度，知道自己極限的人是強者」、「在經歷過戰爭的一輩當中，曾有死裡逃生經驗的人是很有膽識的。」

此外，自古以來就曾有人說：「要想成為一位偉人或大人物，就必須經歷過大病、流浪、失戀、離婚、失業等等的苦難和困難。」為何說這些是成為一個偉人或大人物的前提呢？這是因為他們藉由如此苦難、困難，打造了人生的根基部分。

鞏固了自己心底的「大地」之人，即會變堅強，在遇到困難時皆能正面面對，並重新奮起。

「對於這種困難，自己能努力到何種程度？」掌握到自己的極限是很重要的。因此，要挖掘出苦難或困難的正面積極的意義，並不是一件難事。因為透過苦難、困難，自己可以了解到「若是真的被逼到走投無路時，自己能夠將生命的能量發揮到何種程度？」

常言道：「若想知道某人的人品，看一看此人得意之時的樣子，和失意之時的樣子就可瞭解了。」

得意之時自以為是、自我陶醉的人是凡人。失意之時痛哭流涕、呼天喊地的人也是凡人。在這兩種極端之間，能夠抱持著不動心或平常心的人，則是非凡之人。

發明家愛迪生經過刻苦研究，獲得了各種各樣的專利。曾有一次，他的研究室被一場大火燒成了灰燼，他站在火災現場，看著成為一片廢墟的研究室，竟說了：「太好了！這下就可以從頭開始了！」

英國思想家卡萊爾也曾有過類似的經歷。

有一天，他將自己的原稿交給一位友人讓他先讀一讀，但是這位友人看完原稿後，將其放在桌上便睡著了。此時他家中的傭人卻錯把原稿當垃圾處理掉了，使原稿盡毀。

然而，卡萊爾對此卻不生氣，又從頭開始寫了起來。這本書完成後，便成為舉世聞名的歷史書，被譽為一部不朽的名著。

在卡萊爾的如此態度中，我感到了一種非常堅強的意志。那就是不管遇到怎樣的困難，都能夠從頭開始的毅力、信念。即使工作在即將完成之際被毀於一旦，也要有可以從頭再來的耐心，這是很重要的。

抱持著「隨時都能不吭一聲地從零開始」之心境的人，是一名強者。然而，為了獲得某種程度的地位或名譽時，生怕有什麼閃失而瞻前顧後的人，是非常軟弱、可憐和脆弱的。

難道各位不想成為像愛迪生那樣，當研究室被燒毀時，還能說

「這下就可以從頭開始了」的人嗎？或者是難道不想擁有像卡萊爾一樣，當自己的原稿不慎丟失時，還能重新拿起筆，書寫出一部不朽名著的實力嗎？

我覺得與其說是感動於這些偉人的事業，還不如說是被他們的心境給深深地打動。

寫下《溝通與人際關係》（*How to Win Friends and Influence People*）、《人性的優點》（*How to stop worrying & start living*）之名著的達爾・卡內基，也是兼備如此人品之人。

據說他在年輕的時候，立志要成為一位小說家。然而，他所寫的兩本小說好像都被打了回票，沒有被採用。之後，他雖然沒有再寫小說，但卻寫了許多有關光明思想以及勵志思想的名著，感化了世界許多人。

對於自己未能成為一名小說家，卡內基從未懊悔。他曾說：「我很慶幸自己選擇了這條路。當聽到『你無法成為小說家』的評語時，雖然感覺到好像受到了死刑判決，但是我選擇重新站起來，走上思想家、教育家之路。」換言之，他開闢了另一條新路。

有一句話說：「人間處處有青山。」若是能抱持著「不管從什麼地方開始，也要開拓自己的可能性」的意志，眼前的苦難與困難就不復存在了。

愈是自覺到自己是佛子，就愈是要磨練那「不管遇到什麼事，都要奮起」的不退轉之心境。

二、鑽石原石

以上所論述的「佛子的自覺」，若是換一個角度來說，則能以「鑽石原石」來形容。

到底要把自己當作是一文不值的石頭來看待？還是要把自己當作是尚未研磨加工的鑽石原石看待？這是有著天壤之別的。若是認為自己是尚未加工的鑽石原石，那麼愈是磨練自己就愈是發光，並且其光芒還會為自己增添勇氣。

然而，人一不小心就易陷於自我憐憫之中，很容易就以為自己沒有用處，一無是處。其中，有些人好像生來是為了證明自己是無用的。失戀、工作失敗、生病等，一遇到事情，便認為「到頭來，自己還是一無是處！」而有些人則好像是為了確認自己到底有多麼不行才轉生於世間的。

然而，那是不對的。這樣的人，忽略了自己其實是塊尚未加工的鑽石原石。即便自己看起來是多麼的不中用，但那並非是指自己和他人比較起來有多拙劣，而是「他人與自己的研磨方法不同」而已，千萬不可忘記這個觀點。

愈是研磨，人就愈會發光。只不過從其光的強弱來看，有的看起來像是「寶石」，有的看起來像是「石頭」而已。

如果總是以為自己沒用，那麼即便被他人覺得一無是處，那也無話可說。就算是覺得自己沒用，但也要想想如何改變這個現象，這是很重要的。若無法克服這一點，人生就不可能有進步了。

那麼，如何讓一個自責型的人，發現自己不是石頭，而是一顆鑽石原石呢？

自責型的人有兩種類型。

一類是拘泥於某件事，若是此事失敗，便否定自己的一切。這是一種抱持著負面思想的人。

另一類是過度自信，當這種自信因某種契機而喪失時，便一落千丈，成了一個完完全全自我否定的人。

然而，抱持如此自我否定的思想，抱持如此不是全贏就是全輸的思想，並不是一件好事。「自己儘管有不好的地方，但並非一無是處，必定也有好的地方。」不可忘記這樣的思考模式。

即便有人對自己講過一些否定的話，但是肯定也有人稱讚過自己，這是不可否定的事實。世界上從未受過稱讚的人，恐怕是極少見的吧！

即使是該從世間消失的人、總是做一些見不得人的事之人，一定也有值得肯定的地方。因此，即便是對這樣的人，我們也能夠想出一些誇獎的話。

既然如此，難道自己沒有辦法找出自己任何的優點嗎？請試著從從第三者的角度，好好地找找自己到底有沒有閃爍的一面、有沒有美好的一面？

遭受挫折時，容易產生一切全都完了的錯覺，但實際上並非如此。藉由挫折，或許可發掘出自己美好的一面；或者，可藉此掀開自己活於偽善的人生、只顧著他人目光的的虛假偽裝。因此，這之中不是還留存著一個希望嗎？

不可因為在世間遭受挫折、遭受失敗，就全盤否定自己的價值。自己的優點還原封未動地保留著呢！

如果不用這種公平的角度來看待自己，那就無法發現存於己心

當中的鑽石原石。

然而，還有另一種人老是覺得自己很傑出，讓他人無法親近。「我是傑出的，天下一流。我不記得我有受過他人的指責，若是有人無法接納我，那是那個人的不對。」若有人這麼想，問題就大了。

這樣的人是無法住在天國的。天國是和諧的人們相聚集之地，一個他人無法接近的人，認為「和我處不來的人就是敵人」的人，是絕對不能住在天國的。

不應該這樣，自己以及他人都必須考慮生活的道路。至少，一個無意改變自己、修正自身的人，很難說他是一塊正在研磨的、未加工的鑽石。

儘管有人說：「鑽石就是鑽石，即使沾有泥土，鑽石還是鑽石。」但是肯定沒有人是戴著沾有泥土的鑽戒就出門的，一定是擦得乾乾淨淨才出門的。

與此相同，對於自己這一顆鑽石原石的心，也必須要好好地研磨才行。

「竟然穿著這樣的服裝來參加晚會！」人們對於衣裝常多有批評，但為何對於「心裝」、「心的衣著」，卻毫不在乎呢？

若是心的衣著污穢不堪，能夠就這樣站在覺悟者的面前嗎？若如此站在覺悟者的眼前，心的污垢便一目瞭然。

我想要說的就是，必須要給心化化妝。

即便是英國製的美麗衣裳，若不送到洗衣店洗，就會愈穿愈髒。既然衣服要送到洗衣店去洗，為什麼心卻洗都不洗，就這樣髒兮兮地穿著呢？對此，請各位想一想。心還是必須要保持乾淨、美麗的。

此外，正是因為每天洗餐具，所以吃飯才能吃得出美味；若是用沒有洗過的髒碗，吃起飯來會好吃嗎？

餐具是用舊了就丟棄，就算是如此用舊就丟棄的餐具都是每天洗滌的，那為什麼就不能洗洗心呢？就連餐具都每天刷洗了，自己的心不也應該要每天清洗嗎？

覺得這樣做很麻煩的人，是很奇怪的。為什麼用如此不知羞恥之心和人接觸，還能夠理直氣壯地發表自己的意見呢？

如此之人必須要對此進行深刻的反省。

三、斷絕迷妄

在本節當中，我想要談談如何才能斷絕迷妄。

首先，針對「迷妄」進行探究。迷即是「迷惘」，妄即是「妄念」。換言之，那是一種心有千千結，陷入迷途的狀態。事情紊亂混雜，理不出頭緒，感覺自己像是掉入了陷阱一般，這種狀態就是

「陷於迷妄之中」。

此時，要緊的是如何殺出一條血路，找到突破口。

這個時候重要的是試著想一想，自己是不是否定了自己的可能性？自己是否束縛了自己？在自認為理所當然的事情中，是不是也有錯誤的地方？

譬如，職業的不安。一個從事專門職業的人，此人害怕於「若是自己沒有做眼前的工作，或許就沒有辦法生活下去了」，但此時有必要想一想「為什麼認為自己只能做這個工作呢？」

難道真的不能做別的工作嗎？應該試著思索「為何自己缺乏不管幹什麼都能活下去的自信呢？難道自己就是這麼一個不爭氣的人嗎？」

在男性當中，有的人把沒能從事理想的職業，怪罪給妻小，說什麼：「就是為了你們，我才十年如一日，每天幹著這種沒趣的工作，而且還要做到退休為止。要是沒有你們，我就可以自由地做各種事情了，就是因為你們，我才沒法這樣的。」

這無疑是把罪惡感強加給妻子和孩子。明明是自己的問題，因為自己沒有自信，所以才會講出那樣的話。

此外，還有關於健康的煩惱與迷惘。那是一種「是不是要得病了，是否要發生事故了」的不安。這在現代社會中，是一種蔓延廣泛的病態思想。

現今，醫療保險、健康保險彷彿已變成了一種理所當然的事。

如果是從社會福利的觀點來看，那還沒有什麼問題，但如果是以那種「人會生病是理所當然」的想法當做前提，那麼其中就存在著非常大的錯誤。

人是可以不生什麼病而終了一生的。各位必須要知道，有很多人是因為自己覺得自己有病，所以才生病的。「生病時，上醫院就行了！」「只要吃了藥，就可安心！」如此想法對於虛弱之人來說或許沒有關係，但有時必須要試著擺脫對藥物的依賴。

人本來是天生健康的，肉體是不會有那麼多病的。若對此能持有強烈的信念，肉體就會自然強健起來。

譬如，若是非常信賴腸胃器官，它就會變得非常強健；但若是半信半疑，老是服用些腸胃藥，它就會逐漸衰弱下去。

因此，當對健康產生不安時，就必須要去尋找自己內在佛子的部分，人的身體本來就不是那麼弱不禁風的。

若是沒有醫生或藥品的狀態，大部分的疾病都會因自然痊癒力而治癒的。醫生其實知道，疾病的痊癒，主要出自於患者自身的力量。藥品或醫療之類，只是起著一種輔助的作用。

外科手術也是如此。在人的身體上動刀，人若沒有自然痊癒力，傷口將無法癒合。傷口之所以能夠癒合，是因為人具備著自然痊癒力。

除此之外，還有對於金錢、經濟上的不安；這是一種對於「錢是否再也進不來了呢？」、「收入是不是無法增加了呢？」之類的擔心。

之所以會出現如此的不安，其理由之一，即是對自己的能力沒有信心。

然而，世間當中能創造財富的工作不勝枚舉，什麼樣的工作能創造財富呢？總的來說，即是被社會大量需要的工作。若是從事人們需要的工作，定會與財富有緣，若是從事了人們不需要的工作，則與財富無緣。

時代必定在尋求些什麼，人們也肯定在盼望些什麼，關鍵是如何敏銳地察覺這個「什麼」。透過提供人們所需要的東西，會使人們和自己都富裕起來。

書籍的出版也是如此，如果出版了人們想讀的東西，一定會成為暢銷書。這些書不僅會成為許多人心中的食糧，而且也會讓寫書的人富足。

工作也是同理。緊緊盯住「眾人的需要在哪裡？人們在追求著什麼？」藉此而開發的工作，必定會很吃香。

唱歌也是這樣。唱出人們想聽的歌曲，肯定會暢銷。人們不想聽的歌曲，播再多遍，人們也是不想聽的。

因此，重要的是去發現、嗅出「什麼是必要的東西？人們在尋求些什麼？」只要掌握到這一點，前方之路一定會被打開。

為金錢而煩惱的人，必須經常考慮「到底人們想要的是什麼？

在自己能夠做的事情當中，能夠為人們貢獻的是什麼？」若能對此思索，經濟問題將很容易解決。

就像這樣，現代當中存在著對職業的不安、疾病的不安和金錢的不安等等。

除此之外，還有人際關係的糾葛，這是經常會發生的事。在許多的人際關係中，不管是公司或家庭都會出現這種糾葛。有時因為新來了某個人，會使人生走向幸福或是不幸福。

因此就必須想一想，如何才能切斷那人際關係中的糾葛。愈是親近的人，就愈是需要努力將人際關係經營好。

換言之，不能僅是依自己的好惡來看待他人，而是必須經常思考：「要如何才能創造更美好的人際關係呢？」

比方說，婆媳之間若能相互尋找對方的優點，並加以讚美的話，是絕對不會發生婆媳問題的。

媳婦若是發現了婆婆的優點，就應讚不絕口，婆婆若是發現了媳婦的優點，也要大力表揚。如此一來，便會建立起互相關愛、互相尊敬的關係。

如果互相開始猜疑對方是否想害自己，就會形成與上述相反的關係。當婆婆開始嘮叨「自從媳婦進了門，兒子就變了一個人，真是來了一個壞媳婦！」媳婦將會敏感地察覺到這些，因而討厭起婆婆來，開始敬而遠之。

然而，若是聽到婆婆說：「真是娶了一個好媳婦」時，媳婦則會高興起來，對婆婆也會產生親切感。

總而言之，「眼前之人的心是一面鏡子」。為了切斷人際關係的糾葛，只要想一想「映射於己心鏡子上的對方的樣子，其實就是自己的樣子」就可以了。

在解決人際關係的問題時，「由自己先開始來給予對方」、「給對方好的評價、誇獎對方、幫助對方發揮優點」抱持如此之心境是很重要的。這樣一來，對方有時亦會給予回報。

為了切斷人際關係的糾葛，必須抱持著無窮盡的善念去解決問題。

對於這點，下一節將詳細說明。

四、無窮盡的善念

在公司等等的團體當中，上司關懷、關照屬下，有時卻會發生恩將仇報的事。

這麼一來，上司便會覺得「我這麼關心他，他卻這樣詆毀我，真是不能原諒！」「以前給他那麼多的褒獎，如今卻說那種話！」等等。

這樣的事情，世間當中很常見，也就是所謂的忘恩負義。「自己如此竭盡全力地去做，對方卻沒有一點回報。」對此感到憤憤不平的人，社會上比比皆是。

親子也是一樣。即便父母親認為「全心全意地對孩子付出了關愛之心」，但終究孩子會離巢而去，不會有任何的回報。因此，父母會有一種「被孩子遺棄」的感覺。

在學習某些特殊技藝的地方，有些人拜師學藝之後，經過了幾年的修行，自立門戶，成為了師傅的競爭對手，這是常聽到的事。此外，在公司當中，老闆精心栽培的人，最後另外開一家公司，成為了商場上的敵人，這也是常有的事。

這種時候，人們總是會想：「被背叛了！上了那個傢伙的當！」

為什麼會產生這樣的感受呢？那是因為有一種「對等交換」的想法在作祟。人們在無意當中，抱持著「自己給對方這麼多，對方應該會給自己回報」的期待，或者是「自己誇獎過的人，應該會支持自己」的想法。

因此，必須懷抱一種純粹給予的心，亦即「施予他人好意時，不求回報。一種單純的給予，並且要忘記自己給予的這件事」。

「對於自己給予了對方多少念念不忘，對方給予自己的，卻忘得一乾二淨！」這就是人生不幸的開始。「我為對方做了這麼多的事，對方卻什麼都沒回報！」如此想法就是不幸的開端。

「我為他做了那麼多事、那麼愛他、那麼努力為他，他卻沒有回報，一點都不感恩！」

通常人們都會這麼想，但是從這種「我為了對方付出那麼多」的想法，可以看出此人的人格尚有不成熟的部分。給予他人的時候，持有「免費」給予的心情是很重要的。

特別是感受上的問題尤其如此。對他人的和藹、用心等等，這類對他人的施愛，請視為「單向通車」。若是那股愛返回到自己身上，就請當作是「賺到了」。

不應該想要獲取回報，無論如何都要純粹地施予，並且盡快忘掉。但是，從他人身上得到的，應該一刻都不忘記並加以感謝。

世間當中忘恩負義的事，實在多不勝數。不要忘記，在那忘恩負義的人當中有時也包含著自己。

即使自以為是憑藉自己的力量而開闢道路的，但在那個過程當中，必定受過許多人的恩惠。只不過是自己忘了那恩惠，忘了父母、老師、朋友、公司上司或同事等等所給予的溫暖之愛。

然後，大言不慚說：「別人沒有為我做過任何事！」「我為人做了那麼多，卻被反咬一口！」

「愈是記得自己給過他人多少的人，就愈會忘記自己曾得過他人多少幫助。」這是個事實。

重要的是：「當對他人付出時，應該是純粹地給予，並立即將之忘得一乾二淨。反之，將得到了多少長記不忘，並加以感謝。」這是基本的思考模式。若懷著這種想法，這個社會就會向好的方向發展。

那種對等交換的思考邏輯，其問題點就在於欠缺「無窮盡的善念」。

「我誇獎過他，但他卻說我的壞話。」「我那麼提攜他，他卻不把我放在眼裡。真是豈有此理！」之類的情緒，就是善念不足的表現。那種情緒當中，其實存在著自以為「為他做了那麼多，他必定應該會回報我」的想法。

這代表著自己的幸福感，微小到容易被他人的評價給左右，也說明了此人唯有在得到他人的善意、幸福時，才會感覺到善意或幸福。

然而，若是自己能充滿更多的善意、更多的幸福，如此幸福感必定能夠沖走一切的。

為什麼不能夠釋放出無限的善意、無限的幸福呢？為什麼不能湧出像泉水一般無限的能量呢？

看看那大自然吧！泉水可不是嘩啦嘩啦地向外湧嗎？山裡面到處都有泉水，然而泉水曾向人收取過任何一分錢嗎？

沙漠當中有綠洲，綠洲曾向人們收過一分錢嗎？綠洲可不是提供了無盡的水源，幫助旅人解渴嗎？

或者是，當你購買豬肉或牛肉時，儘管付出了某些代價，但牛和豬又得到了什麼代價呢？牠們捨棄了自己的性命，得到了多少代價呢？這一點，人們有想過嗎？

此外，高高懸掛在天空的太陽，有提過「希望得到人們的回報」嗎？太陽曾說過想要收取一分錢嗎？雖然電力公司不會免費提供電力，但太陽卻免費提供人們熱量和能源。

期待人們都要像太陽一樣，或許是無理的要求，但必須知道，這樣的事情在自然界裡還有許多，這裡面也存在著佛心。

各位必須要找出自己不在乎對方忘恩負義的方法，此時，必須要想到「自己還有對等交換的想法，還有那依靠對方的評價，來確認自己幸福與否的小心眼和卑怯之心」。

抱持著那如湧泉一般無窮盡的善念去滋潤人心，懷著寬宏大度的心態是很重要的。

當你因他人的言語而受到傷害，或想到「對方怎麼沒有回報」，亦或是「對方怎麼沒有感謝」之時，此時請浮現出「無窮盡的善念」這句話。然後，試著想一想「自己是不是缺乏純粹的給予之心呢？」

與其自己有可能會因為得不到回報而感到悔恨，還不如一開始就不要給，不要去誇獎人，或是去想「讓某人獲得幸福」，就活在自己的框框裡就好了。

既然想要「讓別人獲得幸福，讓別人過得更好」，就必須要有純粹給予之心，希望各位能體會到這種「不求回報」的重要。

五、不動心

我從各個角度論述了「不動心」。

最終，能否抱持不動心，取決於「今生，你想要留下什麼樣的事業？」

所謂事業，指的不是公司的事業；其實，一個人的生活態度、人生才是事業。不管是小孩，還是大人，不管是男性，還是女性，度過這一生，這本身就是一大事業。

為了能成就這一大事業，需要有著不動心，不管發生什麼，都不動搖的心。

那並非是偏執之心，亦非頑固之心，而是一股「不管遇到任何事情，也要完成自己的事業」的決心。這種決心愈是純粹，就愈能說此人抱持著接近天國的人生態度。

所謂的不動心，並非是指那種一意孤行的頑固，我並非是要各位以那種頑固之心為人類貢獻。

從根本上來說，不動心中必須要有「對佛的愛」，必須要有愛佛之心，並且要有著「自己是與創造大宇宙的佛為一體」之心。

各位必須明白：「與統治大宇宙的法則、能量同為一體的自己，和作為大宇宙能量中的一部分的自己，這樣的自己、這樣的生命，現今擁有著個性，正在世間進行著靈魂的修行。」

各位是佛的一部分，只不過現在被稱為A先生或B小姐罷了。

因此，各位必須要去實現作為佛的個性中的一部分的自己。

此時重要的是要下定決心：「不管遇到怎麼樣的阻礙，都要在世間實現佛的理想。」撰寫下名著的人們，或者被稱作人生之師的人們，都有著異於凡人的地方。差異在哪裡呢？就是這個部分。

不動心——那是身為佛的一部分的不動心，是代替佛在世間，照耀世間的明亮之心，同時也是想要讓世間變得更美好的純粹之心。

這種心愈是深切、愈是高遠，人就愈能提升到更高的境界。

所謂的不動心，歸根究柢，就是為了能夠在世間順利開展佛的神聖事業、與佛心一致的事業時，所不可或缺的秤砣與能量。

在暴風雨的夜晚成為那萬斤重錨的，在藍天白雲下成為那主帆之桅杆的，就是不動心。

我希望各位不要因人生的小小風浪，或些許苦惱就搖搖欲墜，而應該挺直腰桿，一股勁地堅持實現從內心深處湧現出的目標與理想。

為此，我寫下了本書。希望各位能反覆再反覆地仔細品味此書，並將此做為內心的食糧。

後記

我已經寫下了《太陽之法》、《黃金之法》和《永遠之法》等佛法真理的系列書籍，我內心對於普及佛法真理的熱情，其熱度和光度正不斷地升溫、加強。

本書雖然是以「不動心」為單一主題而論述的理論書，但我認為從這個嶄新的切入點，所噴發而出的佛法真理，必定能成為答覆眾人煩惱的具體答案。

我衷心盼望蘊藏於最後一章「不動心」中強而有力的「言

魂」，能夠為讀者的人生船桅吹來一陣強風，進而成為渡過苦惱大海的推進力量。

幸福科學總裁
大川隆法

What's Being 016
不動心（*An Unshakable Mind*）
作　　者：大川隆法
譯　　者：幸福科學經典翻譯小組
總 編 輯：許汝紘
副總編輯：楊文玄
美術編輯：楊詠棠
行銷經理：吳京霖
發　　行：楊伯江、許麗雪
出　　版：信實文化行銷有限公司
地　　址：台北市大安區忠孝東路四段 341 號 11 樓之三
電　　話：（02）2740-3939
傳　　真：（02）2777-1413
www.wretch.cc/ blog/ cultuspeak
http://www. cultuspeak.com.tw
E-Mail：cultuspeak@cultuspeak.com.tw
劃撥帳號：50040687 信實文化行銷有限公司

印　　刷：漢藝有限公司
地　　址：新北市中和區中山路二段 315 巷 8 號 2 樓
電　　話：（02）2247-7654

總 經 銷：聯合發行股份有限公司
地　　址：新北市新店區寶橋路 235 巷 6 弄 6 號 2 樓
電　　話：（02）2917-8022

2011 年 7 月1 日 初版
定價：新台幣 260 元

國家圖書館出版品預行編目資料（CIP）資料

不動心／大川隆法作；初版——臺北市：
佳赫文化行銷， 2011.06
面；　公分 ——（What's being；16）

ISBN 978-986-6271-45-8（平裝）

1. 靈修

192.1　　　100009907